GANZ ENTSPANNT

vegan

CARINA WOHLLEBEN

GANZ ENTSPANNT vegan

DAS KOCHBUCH

77 Rezepte
für Alltag, Familie und Gäste

HEYNE

Alle Bilder stammen von Carina Wohlleben, mit Ausnahme von:
Big Stock: 1, 6, 29, 81, 99, 111, 176 (leyal703), 171 (SpicyTruffel); Creative Market: 2, 21, 25, 33, 35, 37, 43, 47, 51, 63, 65, 71, 75, 85, 105, 107, 113, 117, 123, 128, 129, 131, 137, 149, 157, 163, 165, 167 (DigitalArtsi); Gaby Gerster: 18, 38, 52, 72, 90, 126, 138, 160; Shutterstock.com: 7 (hellosukhova), 41, 145 (Victoria Sergeeva)

FSC
www.fsc.org
MIX
Papier aus verantwortungsvollen Quellen
FSC® C004592

Penguin Random House Verlagsgruppe FSC® N001967

Originalausgabe 10/2022

Redaktion: Katy Albrecht
Umschlaggestaltung und Layout: Eisele Grafik·Design, München
Umschlagfoto: © Gaby Gerster
Druck: aprinta druck GmbH, Wemding
Printed in Germany
ISBN: 978-3-453-60642-5

www.heyne.de

Inhalt

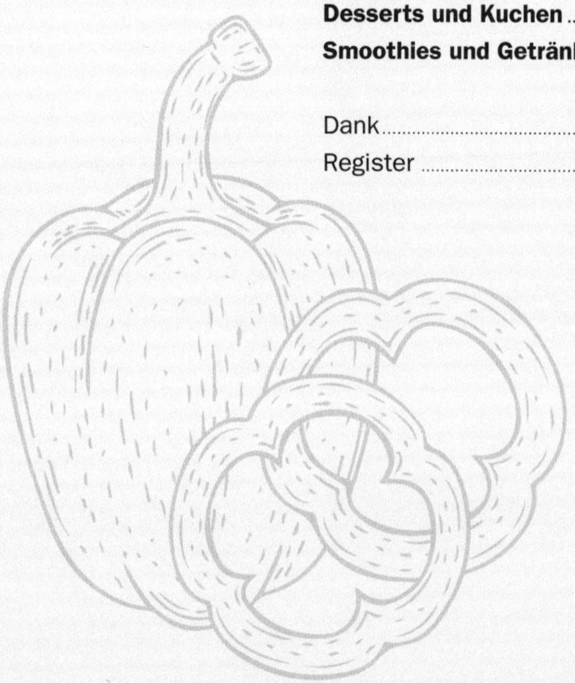

POWERED BY PLANTS

Vorwort

Erst einmal herzlich willkommen. Ich freue mich riesig, dass du vegan kochen möchtest.

Ich bin Carina - Autorin, Ernährungsberaterin, Food-Bloggerin und Mama von zwei Kindern. Seit Anfang 2019 ernähren wir uns als Familie rein pflanzlich. Dieser Weg hat uns alle sehr bereichert und deswegen würde ich ihn gerne mit dir teilen. Wenn auch du überlegst, deine Ernährung zu ändern, oder einfach nur ein paar Anregungen brauchst, dann bist du hier genau richtig. Eine pflanzliche Ernährung muss nämlich nicht nur aus Rohkost und Bohnen bestehen und das Gefühl von Verzicht muss überhaupt nicht aufkommen. Durch meine geteilten Erfahrungen kannst du die ein oder andere Hürde auf dem Weg zur pflanzlichen Ernährung leichter nehmen. Das verspreche ich dir!

Schon als Kind gehörten Kochen und Backen zu meinen Leidenschaften. Ich liebte es, meiner Mutter in der Küche zu helfen und mit elf Jahren bekam ich an Weihnachten mein erstes Kochbuch geschenkt. Seitdem war ich an ein bis zwei Tagen in der Woche für das Kochen in der Familie zuständig – selbstverständlich auf meinen eigenen Wunsch hin.

Doch als ich 2019 begann, mich vegan zu ernähren, änderte sich alles. Ich hatte das Gefühl, das Kochen und Backen neu lernen zu müssen. Nichts schmeckte mehr wie vorher und beim Backen war ich weit entfernt davon, Gäste mit leckeren veganen Kuchen und Torten zu begeistern. Ja, ich fühlte mich tatsächlich ein wenig verloren und das, obwohl ich nur eine Handvoll Produkte aus meinem Speiseplan gestrichen hatte. Ich vermisste so manches Mal die altbekannten Geschmäcker aus meinem mischköstlichen Leben. Also legte ich meine Koch- und Backbücher beiseite und begann selbst zu experimentieren. Dabei entdeckte ich eine weitere Leidenschaft: die Entwicklung von veganen Rezepten. Natürlich schmeckte nicht alles von vorneherein gut, doch nach wenigen Monaten hatte ich den Dreh raus. Das war der Startschuss für meinen Foodblog Vegan Wohlleben auf Instagram (@vegan.wohl.leben), auf dem ich seither meine veganen Rezeptkreationen teile. Übrigens findest du einige der beliebtesten Rezepte aus dem Blog in diesem Kochbuch, dazu viele neue Ideen und Kombinationsmöglichkeiten. Mein Credo lautet: Eine vegane Ernährung darf leicht sein und Spaß machen. Du brauchst nicht etliche verschiedene exotische Zutaten, um köstliche vegane Gerichte zuzubereiten, und musst auch nicht stundenlang in der Küche stehen. In diesem Kochbuch warten 77 leckere vegane und vor allem alltagstaugliche Gerichte auf dich, die dir den Übergang von mischköstlicher zu veganer Ernährung erleichtern. Bevor es aber zu den Rezepten geht, habe ich für dich noch ein paar wichtige Informationen zusammengestellt. Ich wünsche dir viel Freude beim Kochen und vor allen Dingen viele leckere vegane Geschmackserlebnisse!

Carina

Vegane Ernährung

Wenn man sich sein Leben lang mischköstlich ernährt hat, kann das vegane Kochen zu einer echten Herausforderung werden – denn als Veganer:in isst man schließlich nur noch Pflanzen. Klassischerweise kommen uns beim Gedanken an Speisen Bilder in den Kopf, bei denen das Fleisch die Hauptkomponente und das Gemüse lediglich Beilagen sind. Deswegen gilt es bei der veganen Ernährung Alternativen zu finden, bei denen das Gefühl von Verzicht oder Einseitigkeit gar nicht erst aufkommt, wenn plötzlich die Hauptkomponente fehlt. Du wirst feststellen, dass einige meiner Rezepte an Gerichte angelehnt sind, die ursprünglich tierische Zutaten beinhalten. Warum? Ganz einfach, weil viele von uns alte Gewohnheiten und Geschmäcker lieben und nicht für immer darauf verzichten möchten. Selbstverständlich schmeckt ein Sellerieschnitzel mit Jägersoße nicht wie ein Schnitzel aus Schweinefleisch mit Jägersoße. Dennoch ist es eine unglaublich leckere Alternative, die dem tierischen Original geschmacklich in nichts nachsteht. Bei allen Gerichten kommt es auf die richtige Zubereitung an und dabei spielt das Zusammenspiel verschiedener Gewürze und Aromen eine entscheidende Rolle. Du brauchst auch keine Sorge zu haben, von veganen Hauptgerichten nicht satt zu werden. Denn dadurch, dass die Rezepte viele Nähr- und Ballaststoffe enthalten, entsteht immer ein angenehmes Sättigungsgefühl. Selbstverständlich kommen auch die Naschkatzen in diesem Kochbuch nicht zu kurz. Ich zeige dir, wie du köstliche Desserts, von cremig bis luftig, fruchtig-leichte Obstkuchen und mächtige Sahnetorten zubereiten kannst: All das gibt es nämlich auch in veganer Variante und häufig sind die Gerichte sogar schneller zubereitet als im Original, wo Zutaten wie Eier, Sahne oder Butter zum Einsatz kommen. Es ist einfach eine kleine Umgewöhnung, doch hat man einmal den Dreh raus, ist es ganz leicht. Vegane Schlagcreme gibt es mittlerweile in den meisten Supermärkten im Kühlregal und sie kommt sowohl geschmacklich als auch in ihrer Funktionalität echter Schlagsahne absolut gleich. Wenn du kein Ersatzprodukt verwenden möchtest, kannst du stattdessen auch den festen Teil, der sich in einer Dose Kokosmilch oben absetzt, mit einem Mixer aufschlagen. Allerdings bleibt hier natürlich der typische Kokoseigengeschmack erhalten, den man nicht in jedem Rezept möchte. Statt Kuhmilch verwende ich zum Backen und für die Zubereitung von Süßspeisen gerne Hafer- oder Sojamilch, statt Butter verwende ich vegane Margarine und in vielen Kuchen kommt Öl zum Einsatz. Das sorgt dafür, dass der Teig schön saftig bleibt. Falls du auf den altbekannten Buttergeschmack nicht verzichten möchtest, kannst du auf ein Öl mit Butteraroma zurückgreifen. Auch das ist praktischerweise in den meisten Supermärkten erhältlich. Die größte Herausforderung beim Backen ist wohl für die meisten der Verzicht auf Eier. Doch – du ahnst es vermutlich – auch die kann man prima ersetzen. In vielen Rezepten verwende ich statt der Eier eine Mischung aus Apfelessig und Natron für mehr Fluffigkeit, in anderen Apfelmus oder Chia- bzw. Leinsamen. Und soll ich dir verraten, was mir an veganem Kuchenteig am besten gefällt? Man kann ihn ganz unbesorgt naschen, weil keine rohen Eier enthalten sind. Nun wünsche ich dir viel Spaß beim Kochen und viele leckere vegane Geschmackserlebnisse.

Nährstoffe

Jeder Mensch ist anders und so haben wir alle auch einen ganz individuellen Bedarf an Nährstoffen. Das hängt mit unserer Lebensphase zusammen, mit unserem Gesundheitszustand und ein paar genetischen Faktoren. Dies alles aufzuführen, wäre viel zu viel für dieses Kochbuch. Ich habe deshalb alles in meinem Sachbuch *Ganz entspannt vegan. Warum ein Alltag ohne tierische Produkte erstaunlich einfach ist* für dich zusammengestellt. Ganz unabhängig von der Art, wie wir uns ernähren, sollten wir darauf achten, unseren Körper mit allen Nährstoffen zu versorgen, die er braucht. Ernährst du dich vegan, gibt es ein paar Nährstoffe, die du besonders im Blick behalten solltest. Bei jeder Art der Ernährung müssen wir darauf achten, dass sie gesund und ausgewogen ist. Wenn du dich vegan ernährst, solltest du die folgenden Nährstoffe im Blick behalten:

Omega-3-Fettsäuren

Unser Körper ist auf drei verschiedene Omega-3-Fettsäuren angewiesen: ALA (Alpha-Linolensäure), DHA (Docosahexaensäure) und EPA (Eicosapentaensäure). Während ALA zwingend über die Nahrung aufgenommen werden muss, kann unser Körper DHA und EPA aus ALA umwandeln. Allerdings ist die Umwandlungsrate nicht sonderlich effektiv und von Mensch zu Mensch unterschiedlich. Deswegen sollten wir auch diese beiden Fettsäuren aktiv in unsere Ernährung integrieren. In folgenden Lebensmitteln ist ALA enthalten:

- Leinsamen
- Walnüsse
- Chiasamen
- Hanfsamen
- Rapsöl
- Leinöl
- Walnussöl
- Chiaöl
- Hanföl

Um deinen täglichen Bedarf an DHA und EPA zu decken, empfehle ich dir die Einnahme eines Mikroalgenöls.

Eisen

Eisen ist ein wichtiges Spurenelement, das unser Körper beispielsweise für den Sauerstofftransport im Blut und die Infektabwehr benötigt. Frauen, die regelmäßig ihre Periode bekommen, aber auch Stillende und Schwangere haben einen erhöhten Eisenbedarf und sollten – ganz unabhängig von der Ernährungsform – ganz besonders gut auf die Zufuhr achten. Eisen aus pflanzlichen Quellen hat meist eine schlechtere Bioverfügbarkeit als aus tierischen Quellen. Unser Körper kann es also nicht ganz so gut aufnehmen und das liegt unter anderem an Stoffen, die die Aufnahme hemmen. Allen voran die sogenannte Phytinsäure. Aber kein Grund zur Sorge – beachtest du folgende Tipps, kannst du deinen Bedarf auch mit einer veganen Ernährung prima decken:

- integriere täglich Vollkornprodukte, Hülsenfrüchte aller Art, grünes Blattgemüse, Nüsse und Samen in deinen Speiseplan,
- kombiniere eisenhaltige Mahlzeiten mit einer Vitamin-C-Quelle, denn das verbessert die Aufnahme,
- um die Phytinsäure abzubauen und die Bioverfügbarkeit zu erhöhen, kannst du Getreide und Hülsenfrüchte einweichen, fermentieren oder keimen lassen,
- vermeide das Trinken von Kaffee, koffeinhaltigen Teesorten und Kakao zwei Stunden vor und zwei Stunden nach einer eisenreichen Mahlzeit.

Proteine

Protein oder auch Eiweiß bildet die Grundsubstanz unserer Zellen und Körperflüssigkeiten. Eiweißmoleküle werden aus sogenannten Aminosäuren aufgebaut. Insgesamt benötigt unser Körper 21 verschiedene Aminosäuren. Neun davon müssen und können wir mit der Nahrung aufnehmen, indem wir verschiedene Proteinquellen über den Tag verteilt kombinieren. So kannst du deinen Bedarf ganz einfach decken. Zu den pflanzlichen Proteinquellen gehören insbesondere:

- Hülsenfrüchte
- Getreide und Pseudogetreide
- Nüsse und Samen

Vitamin B_{12}

Der wohl mit Abstand bekannteste potenziell kritische Nährstoff in einer veganen Ernährung ist das Vitamin B_{12}. Tatsächlich ist es nicht möglich, unseren täglichen Bedarf allein über eine pflanzliche Ernährung zu decken. Deswegen ist die Einnahme des lebenswichtigen Vitamins, das unsren Stoffwechsel beeinflusst, Pflicht, um langfristig gesund zu bleiben. Das Nahrungsergänzungsmittel gibt es in Tropfen- oder Tablettenform, aber es gibt auch mit Vitamin B_{12} angereicherte Zahncremes.

Zink

Zink hat für unseren Stoffwechsel eine ganz besonders große Bedeutung, denn das Spurenelement dient mindestens 300 Enzymen als Cofaktor und ist damit für die Enzymaktivität unerlässlich. Ähnlich wie auch bei Eisen ist die Aufnahmekapazität aus pflanzlichen Quellen durch Hemmstoffe, wie Phytinsäure herabgesetzt. Zink ist zum Beispiel in Sesam, Hefeflocken, Kürbiskernen, Sonnenblumen-

kernen, Pekannüssen, Paranüssen, Haferflocken, Erdnüssen, Vollkornprodukten und Hirse enthalten. Mit folgenden Tipps kannst du die Aufnahme verbessern:

- Vermeide es, Kaffee oder koffeinhaltigen Tee zu zinkreichen Mahlzeiten zu trinken.
- Kombiniere Fruchtsäure zu zinkreichen Mahlzeiten – das verbessert die Aufnahme.
- Hülsenfrüchte und Getreide solltest du einweichen, fermentieren und/oder keimen, denn das sorgt für einen Abbau der Phytinsäure und der Körper kann den Mineralstoff besser aufnehmen.

Mein Tipp: Greife zu Roggenvollkornbrot auf Sauerteigbasis. Durch die Sauerteiggärung hat ein Fermentationsprozess stattgefunden und das Zink kann besser vom Körper aufgenommen werden.

Kalzium

Kalzium ist der mengenmäßig wichtigste Mineralstoff in unserem Körper, denn es ist der Baustoff unserer Knochen und auch in den Zähnen enthalten. Damit das Kalzium aus der Nahrung optimal aufgenommen und in die Knochen eingebaut werden kann, sollte sich dein Vitamin-D-Wert im optimalen Bereich befinden. Übrigens ist es gar nicht schwer, auch ohne Milchprodukte deinen Kalziumbedarf zu decken:

- Trinke kalziumhaltiges Mineralwasser (> 400 mg/l).
- Greife zu mit Kalzium angereicherten Pflanzendrinks und Joghurtalternativen.
- Nehme täglich Sesam, Leinsamen, Chiasamen, Nüssen und Nussmuse zu dir.
- Integriere regelmäßig Tofu, Sojabohnen und dunkelgrünes Blattgemüse (insbesondere Kohl) in deinen Speiseplan.

Selen

Bei Selen verhält es sich ähnlich wie bei Jod: Der Selengehalt der Pflanzen ist abhängig vom Selengehalt der Böden, der in Deutschland nicht besonders hoch ist. Selen ist unter anderem Bestandteil verschiedener Enzyme und spielt bei der Synthese unserer Erbsubstanz eine wichtige Rolle. Es gibt zwar einige pflanzliche Selenquellen, wie beispielsweise Paranüsse, Linsen, Reis und Champignons, allerdings kann der Gehalt stark schwanken. Deswegen ist die Einnahme eines Nahrungsergänzungsmittels in Abhängigkeit der Blutwerte in Erwägung zu ziehen.

Vitamin B_2

Vitamin B_2, auch Riboflavin genannt, ist sowohl in tierischen als auch in pflanzlichen Lebensmitteln enthalten, jedoch sind die Mengen in pflanzlichen Lebensmitteln geringer. Sei jedoch unbesorgt: In unserer Gesellschaft tritt ein Vitamin-B_2-Mangel praktisch nicht auf. Zu den Vitamin-B_2-Quellen in einer veganen Ernährung gehören beispielsweise:

- Hefeflocken
- Champignons
- Mandeln
- Kürbiskerne
- Vollkornprodukte
- Avocado
- Verschiedene Kohlsorten

Vitamin D

Das auch als Sonnenvitamin bekannte Vitamin D wird zu 80–90 Prozent über die Haut in Verbindung mit Sonnenlicht gebildet. Aufgrund des Sonnenstandes ist in Deutschland eine ausreichende Bildung nur von März bis Oktober möglich. Die körpereigenen Speicher sollten also in diesen Monaten gut gefüllt werden, damit wir im Winter davon zehren können. Dazu sollte man sich möglichst leicht bekleidet und ohne UV-Schutz täglich einige Minuten (die Dauer variiert je nach Hauttyp) in der Sonne aufhalten. Das erhöhte Hautkrebsrisiko bei ungeschützter Haut sollte jedoch nicht außer Acht gelassen werden. Ich

empfehle daher, die Haut vor der Sonne zu schützen und in Abhängigkeit von den Blutwerten zu einem Nahrungsergänzungsmittel zu greifen.

Jod

Jod ist ein Mineralstoff, der besonders für die Schilddrüse von zentraler Bedeutung ist, denn er ist ein Baustein von Schilddrüsenhormonen. Da unsere Böden jodarm sind, sind auch die Pflanzen, die darauf wachsen jodarm. Deswegen sollten Veganer:innen diesen Nährstoff besonders im Auge behalten. Pflanzliche Jodquellen sind:

- Jodsalz
- Nori-Algen (unbedingt darauf achten, dass der Jodgehalt angegeben ist)
- Algenhaltige Nahrungsergänzungsmittel (sehr praktisch, weil man einen sehr guten Überblick über die täglich aufgenommene Jodmenge erhält)
- Die Algenarten Wakame, Arame und Kombu (sie sollten aufgrund ihres hohen Jodgehalts nicht übermäßig verzehrt werden)

Warenkunde

Wenn man auf tierische Produkte verzichten möchte, gleichzeitig aber nicht auf den Geschmack nach Altbekanntem, müssen wir Ersatz suchen. In der veganen Küche kommen ein paar spezielle Zutaten zum Einsatz, die in der mischköstlichen Küche eher selten zu finden sind. Die wichtigsten möchte ich dir nun vorstellen.

Aquafaba

Aquafaba ist die Flüssigkeit, die beim Kochen von Kichererbsen oder Bohnen entsteht. Du kannst die Flüssigkeit wie Eiweiß aufschlagen und für die Herstellung von veganen Desserts verwenden. Übrigens kannst du auch die Flüssigkeit aus den Konserven nutzen.

Hefeflocken

Hefeflocken haben nichts mit der klassischen Backhefe gemein, denn sie werden nicht als Backtriebmittel, sondern als Würze verwendet. Hefeflocken enthalten im Gegensatz zur Backhefe nur noch inaktive Hefepilze und die sind nicht nur lecker, sondern auch sehr gesund, da sie beispielsweise sehr reich an verschiedenen B-Vitaminen sind. In der veganen Küche kommen sie meist dann zum Einsatz, wenn ein besonders würziges oder sogar käsiges Aroma gewünscht ist. Hefeflocken sind mittlerweile in vielen Supermärkten (meist in der Bioabteilung), in Drogeriemärkten und natürlich in Bioläden und Reformhäusern erhältlich.
Meine drei liebsten Einsatzgebiete für Hefeflocken:

- **Als Parmesan-Ersatz über Pastagerichte:** Zerkleinere dazu Hefeflocken, Cashewkerne, Knoblauchgranulat und Salz in deinem Hochleistungsmixer – fertig ist der vegane Parmesan!
- **Als Würze in deftigen Eintöpfen und Soßen:** Dazu einfach 2–3 EL Hefeflocken in die Flüssigkeit einrühren und der würzige Geschmack ist perfekt.
- **Als veganer Käse-Ersatz zum Überbacken:** Gib 2 EL Cashewmus mit 2–3 EL Hefeflocken, 1 TL Senf, 1 TL Knoblauchpulver, Salz und einem Schuss warmem Wasser in eine Schüssel, sodass eine cremige Konsistenz entsteht. Die Mischung eignet sich perfekt zum Überbacken von Aufläufen oder Pizza.

Kala Namak

Das schwefelhaltige Schwarzsalz kommt in der veganen Küche immer dann zum Einsatz, wenn typischer Eiergeschmack nachgeahmt werden soll, zum Beispiel beim Rührtofu oder der Sauce hollandaise. Du erhältst das Salz im Bioladen, im Reformhaus oder auch online. Bei der Verwendung solltest du darauf achten, dass es nicht zu stark erhitzt wird, denn sonst löst sich der typische Geschmack im wahrsten Sinne des Wortes in Luft auf.

Liquid smoke und Rauchsalz

Insbesondere für deftige Gerichte, wie beispielsweise Hausmannskost, sind Liquid smoke und Rauchsalz eine tolle Alternative zu Speck, denn sie verleihen deinen Gerichten das typisch rauchige Aroma und das ganz ohne Tierleid. Während Rauchsalz statt des herkömmlichen Salzes zum Würzen verwendet werden kann, schmeckt Liquid smoke – also flüssiger Rauch – ausschließlich nach Rauch. Beides sollte eher sparsam dosiert werden. Liquid smoke findest du in gut sortierten Supermärkten oder online, Rauchsalz ist in der Gewürzabteilung der meisten Supermärkte zu finden.

Nussmus

Nussmus, egal welcher Art, ist überaus gesund und dient in der veganen Ernährung als hervorragende Nährstoffquelle. In meinen Rezepten wirst du insbesondere die drei gängigsten Nussmuse wiederfinden: Cashewmus, Mandelmus und Erdnussmus. Sie bestehen ausschließlich aus Nüssen und können sowohl zum Backen oder Kochen verwendet werden. Cashewmus ist übrigens auch ein toller Ersatz für Sahne. Rührst du es in deine Soßen oder Suppen ein, werden sie wunderbar sämig und du brauchst keinen Soßenbinder.

Sojaschnetzel und Sojagranulat

Während ich Sojaschnetzel sehr gerne als Ersatz für Geschnetzeltes verwende, kommt das Granulat vor allem als Hackfleisch-Ersatz zum Einsatz. Es ist relativ geschmacksneutral, was den großen Vorteil hat, dass man es ganz individuell würzen kann. Streng genommen handelt es sich hierbei zwar um ein Ersatzprodukt, doch um ein überaus gesundes! Sowohl Schnetzel als auch Granulat bestehen nämlich ausschließlich aus Sojamehl und sind damit eine sehr wertvolle Nährstoffquelle, beispielsweise für Eiweiß und Eisen. Beide Varianten findest du in der Bioabteilung größerer Supermärkte, im Bioladen, im Reformhaus und häufig auch in der Drogerie.

Sojasoße

Nicht nur in asiatischen Gerichten kommt die dunkle Würzsoße zum Einsatz. Sojasoße gehört zu den sogenannten Umami-Gewürzen. Umami ist ein Geschmack, der besonders in proteinreichen Lebensmitteln und Gerichten zu finden ist. In der mischköstlichen Küche ganz besonders in Fleisch und Käse. Damit wir auf diesen leckeren Umami-Geschmack nicht verzichten müssen, dürfen wir uns an einer Vielfalt pflanzlicher Umami-Quellen – wie in diesem Fall der Sojasoße – bedienen. Ich verwende sie gerne zum Würzen anstelle von Salz.

Öle

In unserer Ernährung sollten wir darauf achten, nach Möglichkeit zu Omega-3-reichen Pflanzenölen zu greifen. Meine Favoriten zum Kochen sind Raps- und Olivenöl. Für Salatdressings verwende ich zusätzlich gerne Leinöl und zum Backen Rapsöl, denn das ist neutral im Geschmack (solange es nicht kalt gepresst ist). Zwar zerfallen die wertvollen Omega-3-Fettsäuren zum großen Teil, wenn man sie erhitzt, dennoch sind die oben genannten Öle Omega-6-reichen Ölen, wie beispielsweise Sonnenblumenöl, vorzuziehen.

Equipment

Hochleistungsmixer

Für die Zubereitung meiner Rezepte brauchst du glücklicherweise keine ausgefallenen Haushaltsgeräte, mit einer Ausnahme: einem Hochleistungs- oder Standmixer. Für einige Gerichte ist dieses Gerät wirklich hilfreich und für Smoothies oder Energiebällchen nicht wegzudenken. Falls du noch nicht im Besitz eines solchen Mixers bist, achte beim Kauf darauf, ein Gerät mit mindestens 500 Watt und mindestens 10.000 Umdrehungen pro Minute auszuwählen. Gute Geräte findest du bereits im Preissegment zwischen 100 und 200 Euro.

Messer

Die Freude am Kochen steht und fällt mit einem guten Messer. Stumpfe und ungeeignete Messer sorgen nicht nur dafür, dass das Schneiden der Lebensmittel länger dauert, sondern können auch eine Gefahrenquelle sein. Mit einem stumpfen Messer rutscht man eher ab und schneidet sich als mit einem scharfen. In meiner Küche dürfen ein großes Allzweckmesser, ein kleines und scharfes Gemüsemesser, ein Sparschäler und ein Tomatenmesser nicht fehlen.

Frühstück

Rührtofu

Du brauchst für 2 Portionen:

200 g Tofu natur
1 kleine Zwiebel
100 g Kirschtomaten
½ Bund Schnittlauch
100 ml Pflanzendrink
1 EL Sojasoße
1 TL Kurkumapulver
1 TL Kala Namak
Pfeffer
Öl zum Anbraten

1 Den Tofu in eine Schale geben und mithilfe einer Gabel zerkrümeln. Die Zwiebel schälen und würfeln, die Tomaten halbieren und den Schnittlauch in Röllchen schneiden.

2 Etwas Öl in einer Pfanne erhitzen und zunächst die Zwiebel anbraten, dann den Tofu hinzufügen und 2–3 Minuten weiterbraten.

3 Nun den Pflanzendrink und die Sojasoße hinzugießen und solange braten, bis die Flüssigkeit verdampft ist.

4 Zum Schluss mit Kurkuma und Pfeffer würzen und die Tomaten und den Schnittlauch hinzufügen. Dann die Pfanne vom Herd nehmen und mit Kala Namak salzen.

Tipp

Wenn du gewürfelten Räuchertofu knusprig anbrätst, hast du den perfekten Speckersatz für dein veganes Rührei.

Zubereitungszeit: 15 Minuten

Nährwerte pro Portion: 243 kcal, Eiweiß: 15 g, Kohlenhydrate: 8 g, Fett: 15,8 g

Bunt belegte Brote

Du brauchst für 2 Portionen:

6 Scheiben Brot
1 Avocado
4 kleine Tomaten
200 g weiße Bohnen
2 EL veganer Naturjoghurt
2 EL vegane Mayonnaise
1 EL Schnittlauch
1 kleine Schalotte
150 g Champignons
1 EL Sojasoße
½ TL Knoblauchgranulat
1 EL gehackte Petersilie
Saft von 1 Zitrone
Salz, Pfeffer
Öl zum Anbraten

1 Das Brot toasten und auf zwei Teller verteilen.

2 Die Avocado halbieren und den Kern entfernen, Das Fruchtfleisch aus der Schale lösen, in eine Schüssel geben und mit einer Gabel zerdrücken. Mit Salz, Pfeffer und der Hälfte des Zitronensaftes würzen. Die Tomaten in Scheiben schneiden.

3 Die Bohnen in ein Sieb geben und gut abspülen, dann ebenfalls in einer Schüssel mithilfe einer Gabel oder eines Kartoffelstampfers zerdrücken und mit dem veganen Naturjoghurt, der veganen Mayonnaise, dem restlichen Zitronensaft und dem Schnittlauch vermischen und mit Salz und Pfeffer würzen.

4 Die Champignons in dünne Scheiben schneiden, die Schalotte abziehen und fein würfeln. Etwas Öl in einer Pfanne erhitzen und die Schalotte sowie die Champignons darin anbraten. Mit Sojasoße und Knoblauchgranulat sowie Salz und Pfeffer würzen.

5 Nun jeweils 2 Brote mit der Avocadocreme, mit der Bohnencreme und den gebratenen Champignons bestreichen bzw. belegen. Die Tomatenscheiben auf das Avocadobrot legen.

Zubereitungszeit: 20 Minuten

Nährwerte pro Portion: 625 kcal, Eiweiß: 22,5 g, Kohlenhydrate: 65 g, Fett: 27,8 g

Veganes Bauernfrühstück

Du brauchst für 2–3 Portionen:

700 g gekochte Kartoffeln
1 Block Tofu Natur
1 Glas weiße Bohnen
(Abtropfgewicht 240 g)
200 g Kirschtomaten
200 g Champignons
½ Bund Schnittlauch
100 ml Pflanzendrink
1 EL Sojasoße
Kala Namak
1 Messerspitze
Kurkumapulver
geräuchertes Paprikapulver
Salz, Pfeffer
Öl zum Anbraten

1 Die Kartoffeln würfeln, den Tofu in einer Schüssel mithilfe einer Gabel zerkrümeln, die Kirschtomaten halbieren und die Champignons in Scheiben schneiden.

2 Die Bohnen gut abspülen und in einem Sieb abtropfen lassen, den Schnittlauch in Röllchen schneiden.

3 Etwas Öl in einer Pfanne erhitzen und den Tofu knusprig darin anbraten. Mit dem Pflanzendrink ablöschen und mit der Sojasoße, dem Kurkuma und dem Kala Namak würzen. Nun die Pilze hinzufügen und 2–3 Minuten lang mitbraten, dann die Kartoffeln hinzufügen und weitere 4–5 Minuten braten und dabei immer wieder wenden. Mit geräuchertem Paprikapulver, Salz und Pfeffer würzen.

4 Nun die Bohnen und die Tomaten unterrühren und erhitzen. Zum Schluss die Schnittlauchröllchen darüberstreuen.

Gut zu wissen

Wenn du gekochte Kartoffeln abkühlen lässt, bildet sich sogenannte resistente Stärke. Sie kann zum Teil nicht vom Körper verdaut werden, wodurch wieder aufgewärmte Kartoffeln, aber auch Nudeln und Reis weniger Kilokalorien enthalten. Die Konsequenz ist, dass man weniger Kalorien zu sich nimmt.

Zubereitungszeit: 20 Minuten

Nährwerte pro Portion: 518 kcal, Eiweiß: 28,8 g, Kohlenhydrate: 63 g, Fett: 13,7 g

Englisches Frühstück

Du brauchst für 2 Portionen:

1 Block Räuchertofu
300 g weiße Bohnen
200 g passierte Tomaten
1 Zwiebel
250 g Champignons
2 Tomaten
1 EL Sojasoße
1 EL Rotweinessig
1 EL Zuckerrübensirup
4 Scheiben Vollkorntoast
Rauchsalz
Salz, Pfeffer
Öl zum Anbraten

1 Die Bohnen abgießen, in einem Sieb mit klarem Wasser abspülen und abtropfen lassen. Die Zwiebel schälen und in feine Würfel schneiden, die Champignons und den Räuchertofu in Scheiben schneiden.

2 Etwas Öl in einem Topf erhitzen und die Zwiebel darin anbraten. Die Bohnen hinzufügen und die passierten Tomaten in den Topf geben. Mit Rotweinessig, Zuckerrübensirup und etwas Rauchsalz würzen, dann zugedeckt bei mittlerer Hitze 15 Minuten köcheln lassen.

3 Den Tofu in einer Schüssel mit der Sojasoße vermischen. Etwas Öl in einer Pfanne erhitzen und den Tofu knusprig darin anbraten. Aus der Pfanne nehmen und warm halten.

4 Nun die Champignons in derselben Pfanne anbraten, dann auf eine Hälfte der Pfanne schieben. Die Tomaten in Hälften schneiden und mit der Schnittseite nach unten in die Pfanne legen. 2–3 Minuten braten. Währenddessen den Toast toasten.

5 Nun die Champignons, die Tomaten, den gebratenen Räuchertofu und die Baked Beans auf zwei Tellern anrichten und zusammen mit dem Toast genießen.

Tipp

Dazu passt auch der Rührtofu von Seite 21 hervorragend!

Zubereitungszeit: 30 Minuten

Nährwerte pro Portion: 616 kcal, Eiweiß: 41,8 g, Kohlenhydrate: 59 g, Fett: 20 g

Kokosporridge mit gebratenen Bananen

Du brauchst für 2 Portionen:

100 g Haferflocken
400 ml Kokosdrink
2 EL Kokosraspeln
1 Banane
2 EL Kokoschips
1 EL Ahornsirup

1 Die Haferflocken zusammen mit dem Kokosdrink und den Kokosraspeln in einen Topf geben und zum Kochen bringen. Dann die Hitze reduzieren und unter Rühren so lange köcheln, bis eine breiige Konsistenz entstanden ist.

2 Die Banane schälen, einmal quer und einmal längs halbieren. Eine Pfanne erhitzen und die Bananenstücke darin anbraten. Die Pfanne vom Herd nehmen und den Ahornsirup über die Bananen träufeln.

3 Den Porridge auf zwei Schüsseln verteilen. Die Bananenstücke darauflegen und mit Kokoschips bestreuen.

Zubereitungszeit: 15 Minuten

Nährwerte pro Portion: 416 kcal, Eiweiß: 8,8 g, Kohlenhydrate: 56,5 g, Fett: 15,3 g

Baked Oats mit Waldbeeren

Du brauchst für 2 Portionen:

100 g Haferflocken
200 ml Pflanzendrink
1 Banane
100 g gefrorene Beeren
1 TL Zimt
1 TL Vanille-Extrakt
2 EL vegane zuckerfreie Schokodrops

1 Die geschälte Banane in eine Schüssel geben und mit einer Gabel zerquetschen. Mit Haferflocken, Pflanzendrink, Zimt, Vanille-Extrakt und Beeren mischen und entweder in zwei kleine oder eine größere Auflaufform füllen.

2 Mit den Schokodrops bestreuen und bei 180 Grad Umluft 20 Minuten backen.

Tipp

Reife Bananen eignen sich besonders gut, denn sie sorgen für eine angenehme Süße.

Zubereitungszeit: 10 Minuten | Backzeit: 20 Minuten

Nährwerte pro Portion: 409 kcal, Eiweiß: 9,8 g, Kohlenhydrate: 61,5 g, Fett: 11,9 g

Apfel-Zimt-Porridge

Du brauchst für 1 Portion:

80 g Haferflocken
250 ml Pflanzendrink
1 Apfel
1 TL Zimt
1 TL Mandelmus (weiß oder braun)
1 EL gehackte Haselnüsse

1 Den Apfel vierteln und das Kerngehäuse entfernen, dann ¾ des Apfels in Würfel schneiden. Das letzte Viertel in dünne Scheiben schneiden und für das Topping beiseitestellen.

2 Haferflocken zusammen mit Pflanzendrink und Apfelwürfeln in einen kleinen Topf geben. Unter Rühren aufkochen lassen, dann die Temperatur herunterstellen und so lange köcheln lassen, bis eine cremige Konsistenz entstanden ist. Dann den Zimt einrühren.

3 Porridge in eine Schüssel geben und mit Apfelscheiben, Haselnüssen und Mandelmus toppen.

Tipp

Du kannst deinen Porridge auch mit anderen Getreideflocken, wie zum Beispiel Hirseflocken, zubereiten, um ein bisschen Abwechslung in die Küche zu bringen.

Zubereitungszeit: 15 Minuten

Nährwerte pro Portion: 658 kcal, Eiweiß: 17,6 g, Kohlenhydrate: 84 g, Fett: 24,8 g

Spinat-Avocado-Smoothie-Bowl

Du brauchst für 1 Portion:

100 g Babyspinat
1 Avocado
2 gefrorene Bananen
(geschält und in Stücken)
100 ml Pflanzendrink

als Topping nach Belieben:
Frische Früchte, Granola,
Chiasamen

1 Den Babyspinat waschen, die Avocado halbieren, den Kern entfernen und das Fruchtfleisch mit einem Löffel herauslösen.

2 Spinat, Avocado, Bananen und den Pflanzendrink in einen Hochleistungsmixer geben und auf höchster Stufe mindestens 45 Sekunden pürieren, dann in eine Schüssel umfüllen.

3 Mit den Zutaten deiner Wahl toppen.

Tipp

Hast du überreife Bananen im Haus, dann wirf sie auf keinen Fall weg! Schäle sie, brich sie in Stücke und friere sie ein. Du kannst sie später entweder für Smoothie-Bowls, Shakes oder gesundes Eis (siehe Rezept Seite 51) verwenden.

Zubereitungszeit: 15 Minuten

Nährwerte pro Portion: 566 kcal, Eiweiß: 8,1 g, Kohlenhydrate: 47,1 g, Fett: 35,5 g

Erdbeer-Bananen-Smoothie-Bowl

Du brauchst für 1 Portion:
300 g gefrorene Erdbeeren
1 reife Banane
4 EL Haferflocken
150 ml Pflanzendrink

als Topping nach Belieben:
Frische Früchte, Granola,
Nüsse/Samen, Nussmus

1 Die Banane schälen und in Stücke brechen. Nun zusammen mit den anderen Zutaten in deinen Hochleistungsmixer geben und auf höchster Stufe mindestens 45 Sekunden lang pürieren. Dann in eine Schüssel umfüllen.

2 Mit den Zutaten deiner Wahl toppen.

Zubereitungszeit: 15 Minuten

Nährwerte pro Portion: 421 kcal, Eiweiß: 9 g, Kohlenhydrate: 74,6 g, Fett: 5,4 g

Power-Frühstück

Du brauchst für 1 Portion:

200 g pflanzlicher Joghurt
4 EL Basismüsli
1 EL Chia- oder Leinsamen
1 Banane
1 Handvoll Beeren (frisch oder TK)
½ Apfel
1 gehäuften TL Nussmus (z. B. Mandel- oder Cashewmus)

1 Den Joghurt in eine Schüssel geben und das Basismüsli und die Chia- oder Leinsamen darauf verteilen.

2 Die Banane schälen und ebenso wie den Apfel in Stücke schneiden und mit den Beeren in die Schüssel geben.

3 Zu guter Letzt den Joghurt mit dem Nussmus deiner Wahl toppen.

Übrigens

Dieses Frühstück ist seit Jahren mein absoluter Favorit. Es bildet eine tolle und extrem nährstoffreiche Grundlage für den Tag. So habe ich bereits am Morgen eine ordentliche Menge an Proteinen, gesunden Fetten, Ballaststoffen, Vitaminen und Mineralstoffen wie Eisen, Zink und Kalzium zu mir genommen.

Zubereitungszeit: 15 Minuten

Nährwerte pro Portion: 554 kcal, Eiweiß: 20,8 g, Kohlenhydrate: 61,8 g, Fett: 20,1 g

Pancakes

Du brauchst für ca. 10–12 Pancakes:

150 g Mehl
200 ml Pflanzendrink
1 EL Süßungsmittel
(z. B. Zucker oder Xylit)
2 TL Backpulver
Ahornsirup
frische Früchte deiner Wahl
Öl zum Anbraten

1 Mehl, Pflanzendrink, Backpulver und Süßungsmittel in eine Schüssel geben und mit einem Schneebesen zügig verrühren. Es ist nicht schlimm, wenn ein paar Klümpchen zurückbleiben.

2 Etwas Öl in einer Pfanne erhitzen und 2–3 EL Teig hineingeben. Den Pancake wenden, wenn sich auf der Oberfläche Blasen bilden und der Teig langsam trocken wird. Die Pancakes goldgelb backen. Übrigens: Falls du eine beschichtete Pfanne verwendest, wird nur beim ersten Pancake Öl benötigt.

3 Die Pancakes auf einen Teller geben und mit frischen Früchten und einem Löffel Ahornsirup genießen.

Tipp

Du kannst statt Zucker oder Xylit zum Süßen auch eine reife zerquetschte Banane verwenden. Gib dann einfach etwa 50 ml mehr Pflanzendrink in den Teig.

Zubereitungszeit: 20 Minuten

Nährwerte pro Portion: 72 kcal, Eiweiß: 1,5 g, Kohlenhydrate: 12,3 g, Fett: 1,7 g

Snacks

Erdnuss-Cups

Du brauchst für 8 Stück:
250 g vegane Zartbitterschokolade
8 TL Erdnussbutter
2 EL gehackte Erdnüsse

1 Die Schokolade grob hacken und die Hälfte in einem Wasserbad schmelzen.

2 Muffinförmchen aus Papier oder Silikon in eine Muffinbackform setzen und mit 1–2 EL geschmolzener Schokolade befüllen. Die Schokolade an den Rändern etwas hochziehen und abkühlen lassen. Wenn die Schokolade abgekühlt ist, die zweite Hälfte der gehackten Schokolade schmelzen.

3 Pro Förmchen 1 TL Erdnussbutter in die Mitte geben und mit 1–2 EL Schokolade übergießen, dass eine glatte Oberfläche entsteht. Mit ein paar gehackten Erdnüssen bestreuen. Die Erdnusscups erneut abkühlen lassen.

Tipp

Wenn dir eine gesündere Variante der Erdnusscups lieber ist, kannst du die Erdnussbutter durch zuckerfreie Schokolade und ungesüßtes Erdnussmus ersetzen.

Zubereitungszeit: 20 Minuten

Nährwerte pro Portion: 261 kcal, Eiweiß: 6,6 g, Kohlenhydrate: 15,8 g, Fett: 18,9 g

Schoko-Energyballs

Du brauchst für ca. 15 Stück:

12 Medjoul-Datteln
100 g Haferflocken
100 g Cashewkerne
1 EL Backkakao
ca. 1 EL Cashewmus

1 Entkerne die Datteln, gib sie, die Haferflocken, die Cashewkerne und den Backkakao in deinen Hochleistungsmixer und zerkleinere alles auf höchster Stufe. Die Masse ist zwar bröselig, sollte sich aber gut kneten lassen. Ist die Masse zu trocken, gib einfach noch 1–2 Datteln hinzu und zerkleinere alles erneut.

2 Nimm nun eine esslöffelgroße Menge der Masse in die Hand und knete sie zu einem flachen Taler.

3 Gib eine Messerspitze Cashewmus hinein, klappe die Seiten hoch und forme eine Kugel.

Gut zu wissen

Die Energyballs halten sich im Kühlschrank mindestens 2 Wochen und sind eine sehr gesunde Alternative zu herkömmlichen Süßigkeiten.

Zubereitungszeit: 20 Minuten

Nährwerte pro Energiebällchen: 117 kcal, Eiweiß: 3,1 g, Kohlenhydrate: 18,1 g, Fett: 4,8 g

Apfel-Zimt-Energyballs

Du brauchst für ca. 15 Stück:

80 g softe Apfelringe
150 g Medjoul-Datteln
100 g Mandeln
100 g Haferflocken
1 TL Zimt

1 Die Datteln entkernen und mit allen Zutaten in einen Hochleistungsmixer geben. Auf höchster Stufe fein häckseln.

2 Nun die Masse in eine Schüssel geben, eine esslöffelgroße Menge herausnehmen und etwas kneten. Dann zu einer Kugel rollen.

Gut zu wissen

Auch die Apfel-Zimt-Energyballs halten sich im Kühlschrank mindestens 2 Wochen lang. Wenn du möchtest, kannst du sie mit einem Klecks Mandelmus befüllen.

Zubereitungszeit: 20 Minuten

Nährwerte pro Energiebällchen: 104 kcal, Eiweiß: 2,8 g, Kohlenhydrate: 15,2 g, Fett: 4 g

Knoblauchbrot

Du brauchst für den Teig:

400 g Mehl
200 ml Wasser
1 Würfel frische Hefe
1 TL Zucker
2 TL Salz
1 EL Olivenöl

Zum Bestreichen:
50 ml Olivenöl
1 EL italienische Kräuter
3 Knoblauchzehen
2 EL Hefeflocken
1 TL Salz

1 200 ml warmes Wasser mit dem Zucker und 2 EL Mehl in einer Schüssel vermischen. Die Hefe dazubröseln und alles miteinander verrühren. 15 Minuten ruhen lassen.

2 Das restliche Mehl mit dem Salz vermischen und die Hefemischung sowie das Olivenöl hinzufügen. Alles 10 Minuten lang zu einem glatten Teig verkneten. Nun eine Schüssel mit Olivenöl einreiben und den Teig hineingeben. Die Schüssel mit einem Geschirrtuch abdecken und den Teig eine Stunde gehen lassen.

3 Nun die Marinade anrühren. Dazu einfach das Olivenöl, die italienischen Kräuter, die Hefeflocken und das Salz in eine Schüssel geben. Die Knoblauchzehen abziehen, dazupressen und alles miteinander verrühren.

4 Den Teig nach der Gehzeit in zwei gleich große Teile teilen und zu etwa 40 cm langen Strängen ausrollen. Die Stränge an einem Ende zusammendrücken und auf ein mit Backpapier belegtes Backblech legen. Dann mit der Marinade bestreichen; die beiden Stränge umeinanderwickeln und weitere 15 Minuten gehen lassen. Währenddessen den Backofen auf 200 Grad Umluft vorheizen.

5 Das Brot in 30 Minuten bei 200 Grad Umluft goldgelb backen.

Zubereitungszeit: 50 Minuten | Backzeit: 30 Minuten

Nährwerte pro Portion: 102 kcal, Eiweiß: 2,3 g, Kohlenhydrate: 15 g, Fett: 3,5 g

Blätterteigschnecken

Du brauchst für ca. 18 Stück:
1 Rolle veganer Blätterteig
50 g Kalamata-Oliven
70 g getrocknete Tomate in Öl
1 Knoblauchzehe
1 TL italienische Kräuter
Salz

1 Die Kalamata-Oliven, die getrockneten Tomaten, die Knoblauchzehe und die Kräuter zusammen mit etwas Salz zu einer groben Paste pürieren.

2 Den Blätterteig ausrollen und mit der Paste bestreichen, dann über die Längsseite einrollen und mit einem scharfen Messer in 2 cm dicke Scheiben schneiden.

3 Die Scheiben auf ein mit Backpapier belegtes Backblech legen und bei 200 Grad Umluft etwa 17 Minuten backen, bis der Blätterteig goldgelb ist. Anschließend herausnehmen und auf einem Kuchenrost abkühlen lassen, damit sie knusprig bleiben.

Tipp

Die Blätterteigschnecken eignen sich hervorragend für ein kaltes Buffet oder als Snack für ein sommerliches Picknick.

Zubereitungszeit: 20 Minuten | Backzeit: 17 Minuten

Nährwerte pro Schnecke: 74 kcal, Eiweiß: 0,9 g, Kohlenhydrate: 5,7 g, Fett: 4,9 g

Tomate-Mozzarella

Du brauchst für einen Teller (2 Portionen):

4 Tomaten
100 g Cashewkerne
2 EL gemahlene Flohsamenschalen
200 ml Wasser
1 EL Hefeflocken
1 EL Zitronensaft
2 EL Olivenöl
1 EL Balsamico-Essig
einige Blätter Basilikum
Salz, Pfeffer

1 Die Cashewkerne in Wasser einweichen, die gemahlenen Flohsamenschalen in 200 ml Wasser einrühren und beides 2 Stunden stehen lassen.

2 Für den veganen Mozzarella die Cashewkerne abgießen und zusammen mit den aufgequollenen Flohsamenschalen, den Hefeflocken, dem Zitronensaft und etwas Salz in einen Hochleistungsmixer geben und zu einer glatten Masse pürieren.

3 Nun die Masse in ein schmales, hohes Wasserglas geben und eine Stunde in den Kühlschrank stellen.

4 Danach die Tomaten in Scheiben schneiden, den Strunkansatz v-förmig herausschneiden.

5 Aus Olivenöl, Balsamico-Essig, Salz und Pfeffer das Dressing anrühren.

6 Den veganen Mozzarella aus dem Glas herauslösen und in Scheiben schneiden. Nun abwechselnd eine Scheibe Tomate, eine Scheibe veganen Mozzarella und ein Basilikumblatt auf einen Teller legen. Zum Schluss alles mit dem Dressing beträufeln.

Zubereitungszeit: 20 Minuten | Ruhezeit: 3 Stunden

Nährwerte pro Portion: 524 kcal, Eiweiß: 15,7 g, Kohlenhydrate: 20,6 g, Fett: 39,6 g

Gesundes Bananeneis am Stiel

Du brauchst für 4 Portionen:
2 Bananen
4 TL Erdnussmus
100 g zuckerfreie vegane Schokolade
2 EL geröstete Erdnusskerne
4 Holzstäbchen

1 Die Bananen schälen, quer halbieren und auf ein Holzstäbchen spießen.
Mindestens 2 Stunden lang einfrieren.

2 Dann die Schokolade in einem Wasserbad schmelzen. Die Bananen aus dem Gefrierschrank nehmen, mit dem Erdnussmus bestreichen und die geschmolzene Schokolade darübergießen.

3 Mit den gerösteten Erdnusskernen bestreuen und erneut mindestens 30 Minuten lang einfrieren.

Zubereitungszeit: 20 Minuten

Nährwerte pro Portion: 287 kcal, Eiweiß: 6,3 g, Kohlenhydrate: 24,6 g, Fett: 18 g

Salate und Kalte Gerichte

Glasnudelsalat

Du brauchst für 4 Portionen:

300 g Glasnudeln
150 g Babyspinat
1 Mango
2 Blöcke Räuchertofu
1,5 Limetten
4 EL Sojasoße
3 EL Sweet-Chili-Soße
2 EL Sesamöl
1 Knoblauchzehe
1 walnussgroßes Stück Ingwer
2 Lauchzwiebeln
80 g geröstete Erdnüsse
½ Bund Koriander
Öl zum Anbraten

1 Die Glasnudeln in einen Topf geben, mit etwa 1,5 l kochendem Wasser übergießen und 5 Minuten ziehen lassen, bis sie weich sind. Dann mit einer Schere klein schneiden und in eine große Schüssel geben.

2 Den Babyspinat waschen und zu den Nudeln geben.

3 Nun die Mango schälen, den Kern entfernen und in etwa würfelzuckergroße Stücke schneiden, dann ebenfalls in die Schüssel geben. Auch den Räuchertofu in 1x1 cm große Würfel schneiden.

4 Etwas Öl in einer Pfanne erhitzen und den Räuchertofu knusprig anbraten. Dann herausnehmen und kurz abkühlen lassen, bevor er zu den anderen Zutaten gegeben wird.

5 Die Limetten auspressen und ihren Saft in eine kleine Schale geben. Anschließend den Saft mit der Sojasoße, der Sweet-Chili-Soße und dem Sesamöl vermischen.

6 Den Knoblauch schälen und entweder fein hacken oder pressen und den Ingwer schälen und fein reiben und zur Soße hinzufügen. Alles gut miteinander verrühren und über den Salat gießen.

7 Den Koriander hacken, die Lauchzwiebeln in feine Ringe schneiden und beides ebenso wie die Erdnusskerne über den Salat streuen.

Tipp

Wenn du keinen Koriander magst, kannst du ihn entweder weglassen oder durch etwas Petersilie ersetzen.

Zubereitungszeit: 30 Minuten

Nährwerte pro Portion: 670 kcal, Eiweiß: 24,5 g, Kohlenhydrate: 78,5 g, Fett: 26,5 g

Italienischer Nudelsalat

Du brauchst für 5 Portionen:

500 g Farfalle-Nudeln
120 g Rucola
300 g Cherrytomaten
2 Knoblauchzehen
1 Dose Kichererbsen (Abtropfgewicht: 200 g)
1 Glas Kalamata-Oliven (Abtropfgewicht: 180 g)
50 g Pinienkerne
3 EL Olivenöl
2 EL Balsamico-Essig
Salz, Pfeffer

1 Die Nudeln in gesalzenem Wasser al dente kochen. Anschließend in einem Nudelsieb abgießen und gut abtropfen lassen, dann in eine Salatschüssel geben.

2 Den Rucola waschen, die Cherrytomaten halbieren und die Knoblauchzehen abziehen und fein hacken.

3 Kichererbsen abspülen und mit den Kalamata-Oliven zum Abtropfen in ein Sieb geben. Dann zusammen mit Rucola und Tomaten zu den mittlerweile abgekühlten Nudeln geben.

4 Die Pinienkerne ohne Öl in einer Pfanne anrösten. Wenn sie beginnen zu duften und ein wenig braun werden, sofort herausnehmen und abkühlen lassen, bevor sie über den Nudelsalat gestreut werden.

5 Aus Olivenöl, Balsamico-Essig, Salz und Pfeffer das Dressing anrühren und unter den Nudelsalat mischen.

6 Entweder sofort essen oder ein wenig durchziehen lassen. Dann muss eventuell nachgesalzen werden.

Tipp

Wenn du den Nudelsalat noch nährstoffreicher gestalten möchtest, greife zu Vollkornnudeln! Sie sind eine tolle vegane Proteinquelle und zudem reich an den potenziell kritischen Nährstoffen Eisen und Zink.

Zubereitungszeit: 30 Minuten

Nährwerte pro Portion: 682 kcal, Eiweiß: 16,3 g, Kohlenhydrate: 66,4 g, Fett: 21,6 g

Kartoffelsalat

Du brauchst für 4 Portionen:

2 kg festkochende Kartoffeln
2 Blöcke Räuchertofu
1 Bund Schnittlauch
1 rote Zwiebel
250 ml Gemüsebrühe
2 EL Rapsöl
2 EL Apfelessig
1,5 TL Salz
Pfeffer
Öl zum Anbraten

1 Wasser in einen großen Topf füllen und die Kartoffeln mit Schale darin kochen, bis sie gar sind. Anschließend abkühlen lassen und die Schale abpellen. Die Kartoffeln in etwa 0,5 cm dicke Scheiben schneiden und in eine Schüssel geben.

2 Den Räuchertofu in kleine Würfel schneiden. Öl in einer Pfanne erhitzen und den Tofu knusprig von allen Seiten anbraten, dann zu den Kartoffeln in die Schüssel geben.

3 Den Schnittlauch in Röllchen schneiden, die Zwiebel schälen und fein würfeln. Beides zu den Kartoffeln und dem Räuchertofu geben.

4 Aus der Gemüsebrühe, dem Rapsöl, dem Apfelessig, dem Salz und etwas Pfeffer das Dressing anrühren und über den Kartoffelsalat gießen. Alles gut miteinander vermischen und mindestens zwei Stunden oder über Nacht im Kühlschrank durchziehen lassen. Kurz vor dem Servieren noch einmal abschmecken und bei Bedarf nachsalzen.

Tipp

Wenn du die Wahl zwischen roten oder weißen bzw. gelben Zwiebeln hast, greife unbedingt zur roten Variante. Sie enthalten etwa doppelt so viele Antioxidantien wie die hellen Zwiebeln und wirken damit beispielsweise Entzündungsprozessen im Körper entgegen.

Zubereitungszeit: 60 Minuten

Nährwerte pro Portion: 606 kcal, Eiweiß: 26 g, Kohlenhydrate: 80,8 g, Fett: 16,6 g

Linsensalat mit gegrilltem Gemüse

Du brauchst für 4 Portionen:

500 g Belugalinsen
2 Zucchini
1 rote Paprika
1 gelbe Paprika
2 rote Zwiebeln
300 g Cherrytomaten
2 Knoblauchzehen
4 EL Olivenöl
2 EL Balsamico-Essig
1 TL Senf
1 TL Ahornsirup
½ TL Kreuzkümmelpulver
Salz, Pfeffer

1 Koche die Linsen ungefähr 25 Minuten lang in etwa einem Liter Wasser. Die Linsen sollten durchgegart sein, aber auf keinen Fall matschig werden. Falls noch Flüssigkeit übrig sein sollte, gieße die Linsen durch ein Sieb ab und gib sie anschließend in eine große Salatschüssel.

2 Schneide die Zucchini und die Paprika in Würfel, schäle die Zwiebeln und schneide sie in feine halbe Ringe. Halbiere die Cherrytomaten und hacke den Knoblauch.

3 Gib die Zucchini, die Paprika, die Zwiebeln und den Knoblauch in eine Schüssel und mariniere sie mit 2 EL Olivenöl, 1 EL Balsamico-Essig und Salz.

4 Gib das Gemüse auf ein mit Backpapier belegtes Backblech und gare es 25 Minuten lang bei 200 Grad Umluft. Danach gibst du es zu den Linsen in die Schüssel, ebenso wie die halbierten Cherrytomaten.

5 Mische für das Dressing 2 EL Olivenöl, 1 EL Balsamico-Essig, Senf, Ahornsirup, Kreuzkümmelpulver, Salz und Pfeffer in einer Schüssel. Gib das Dressing nun über den Salat und rühre alles gut durch.

6 Du kannst den Salat entweder lauwarm genießen oder du lässt ihn abkühlen und ein wenig durchziehen. Entscheidest du dich für Letzteres, schmecke den Salat noch einmal mit ein wenig Salz ab.

Tipp

Durch den im Dressing enthaltenen Kreuzkümmel, ist der Linsensalat besser verdaulich. Das liegt daran, dass das im Kreuzkümmel enthaltene Cuminaldehyd die Verdauung stimuliert und Blähungen und Unwohlsein mindert.

Zubereitungszeit: 60 Minuten

Nährwerte pro Portion: 660 kcal, Eiweiß: 36,5 g, Kohlenhydrate: 90 g, Fett: 13,5 g

Tomatensalat mit weißen Bohnen

Du brauchst für 4 Portionen als Beilage:

1 großes Glas weiße Bohnen (Abtropfgewicht 480 g)
300 g Cherrytomaten
1 Schalotte
½ Bund Petersilie
2 EL Rapsöl
1 EL Essig
1 TL Senf
1 TL Ahornsirup
Salz, Pfeffer

1 Gib die Bohnen in ein Sieb, spüle sie mit Wasser ab und lasse sie abtropfen. Fülle sie dann in eine Salatschüssel um.

2 Viertele die Tomaten, würfele die Schalotte und hacke die Petersilie. Gib die Zutaten zu den Bohnen in die Schüssel.

3 Rühre aus Rapsöl, Essig, Senf, Ahornsirup, Salz und Pfeffer das Dressing an.

4 Gib das Dressing über den Salat und vermische alles gut miteinander.

Tipp

Verwende für die Zubereitung von Salaten nach Möglichkeit Lein-, Raps- oder Olivenöl. Sie sind reich an Omega-3-Fettsäuren und für unseren Körper besonders wertvoll.

Zubereitungszeit: 15 Minuten

Nährwerte pro Portion: 238 kcal, Eiweiß: 10,5 g, Kohlenhydrate: 25,3 g, Fett: 8,8 g

Chinakohlsalat mit Kalziumdressing

Du brauchst für 4 Portionen:

1 Chinakohl
150 g Walnusskerne
2 EL Tahin (Sesammus)
1 EL Apfelessig
1 TL mittelscharfer Senf
100 ml Wasser
Salz, Pfeffer

1 Den Chinakohl halbieren und den Strunk mit einem v-förmigen Schnitt entfernen. Nun die beiden Kohlhälften noch mal längs halbieren und in schmale Streifen schneiden, dann in eine große Salatschüssel geben.

2 Die Walnusskerne grob hacken und zum Chinakohl in die Schüssel geben.

3 Tahin, Apfelessig, Senf, Wasser, Salz und Pfeffer in eine Schüssel geben und zu einem Dressing verrühren. Das Dressing über den Salat verteilen und alles gut miteinander vermischen.

Tipp

Tahin ist mit über 400 mg pro 100 g sehr reich an Kalzium. Baue also gerne häufiger Tahin in deine Soßen oder Dips ein, denn Kalzium gehört in der veganen Ernährung zu den potenziell kritischen Nährstoffen.

Zubereitungszeit: 20 Minuten

Nährwerte pro Portion: 325 kcal, Eiweiß: 8,9 g, Kohlenhydrate: 8,4 g, Fett: 27,8 g

Sommerrollen mit Erdnussdip

Du brauchst für 4 Portionen:

Für die Sommerrollen:
ca. 14–16 große Blätter Reispapier
1 Block Räuchertofu
300 g frischer Rotkohl
125 g Glasnudeln
1 Romanasalat
2 Möhren
1 Avocado
1 EL Sesamöl
1 TL Ahornsirup
1 EL Sojasoße
1 TL Sesam

Für den Erdnussdip:
2 EL Erdnussmus
100 ml Wasser
2 EL Sojasoße
2 EL Sweet-Chili-Soße
2 cm Ingwer
½ TL Knoblauchpulver

1 Den Salat und den Rotkohl halbieren, vom Strunk befreien und in sehr feine Streifen schneiden. Die Möhren grob raspeln und die Avocado schälen, entkernen und in Streifen schneiden. Den Räuchertofu in 2 cm breite und 0,5 cm dicke Scheiben schneiden.

2 Das Sesamöl in einer Pfanne erhitzen und den Räuchertofu knusprig von beiden Seiten anbraten. Mit der Sojasoße beträufeln. Die Pfanne vom Herd nehmen und Ahornsirup sowie Sesam über den Tofu geben.

3 Die Glasnudeln in einen Topf mit kochend heißem Wasser geben (Achtung: Das Wasser sollte nun nicht mehr kochen!) und 5 Minuten ziehen lassen. Dann in einem Sieb abtropfen lassen.

4 Nun werden die Rollen gefüllt. Dazu das Reispapier etwa 5 Sekunden lang in eine Schale mit kaltem Wasser legen und wieder herausnehmen.

5 Ein Stück Tofu, einen Streifen Avocado, etwas Rotkohl, Salat, Glasnudeln und Möhren streifenförmig auf das untere Drittel des Reispapiers legen und von unten aus eng einschlagen. Dann die Seiten einklappen und nach oben eng einrollen.

6 Für den Erdnussdip den Ingwer fein reiben und zusammen mit allen anderen Zutaten in einem Topf erhitzen. So lange köcheln lassen, bis eine cremige Soße entstanden ist.

Zubereitungszeit: 75 Minuten

Nährwerte pro Portion: 555 kcal, Eiweiß: 14,3 g, Kohlenhydrate: 74,2 g, Fett: 20,5 g

Wraps mit pulled Mushrooms und Bohnencreme

Du brauchst für 4 Portionen:

8 Vollkornwraps
400 g Kräuterseitlinge
1 Salatgurke
1 Avocado
1 Romanasalat
2 Dosen Kidneybohnen (Abtropfgewicht je 240 g)
1 Knoblauchzehe
1 Limette
150 g vegane Mayonnaise
½ Bund Petersilie
Salz, Pfeffer
Öl zum Anbraten
1 EL Sojasoße
½ TL Knoblauchgranulat

1 Die Kräuterseitlinge mithilfe einer Gabel zerreißen und in eine Schüssel geben.

2 Den Salat halbieren, vom Strunk befreien und in feine Streifen schneiden. Die Gurke stifteln.

3 Die Avocado halbieren, den Kern entfernen, aus der Schale lösen und in Streifen schneiden.

4 Die Kidneybohnen in einem Sieb abtropfen lassen und abspülen. In eine Schüssel geben und mit einer Gabel zerdrücken. Die Limette heiß abwaschen und die Schale zu den Bohnen reiben, dann den Saft auspressen und ebenfalls hinzufügen.

5 Nun die Mayonnaise einrühren und die gehackte Petersilie hinzufügen. Den Knoblauch abziehen und dazupressen.

6 Die Bohnencreme mit Salz und Pfeffer abschmecken.

7 Etwas Öl in einer Pfanne erhitzen und die Kräuterseitlinge scharf darin anbraten, bis sie beginnen braun zu werden. Dann mit der Sojasoße und dem Knoblauchgranulat würzen.

8 Um den Wrap zu füllen, erst etwas von der Bohnencreme in einem breiten Streifen auf den Fladen streichen. Dann den Salat, die Gurke, die Avocado und die Pilze ebenfalls mittig und streifenförmig daraufgeben.

9 Nun zunächst den Wrap von unten etwa ein Viertel einklappen, dann die beiden Seiten darüberklappen.

Zubereitungszeit: 50 Minuten

Nährwerte pro Portion: 619 kcal, Eiweiß: 23,5 g, Kohlenhydrate: 53,6 g, Fett: 29,9 g

Veganes Club-Sandwich

Du brauchst für 2 Portionen:

6 Scheiben Vollkorntoast
1 Block Räuchertofu
1 EL Sojasoße
2 Tomaten
1 Avocado
4 Salatblätter
2 Scheiben veganer Käse
50 g vegane Mayonnaise
1 TL mittelscharfer Senf
Salz, Pfeffer
Öl zum Anbraten
4 Holzspieße

1 Die Tomaten in Scheiben schneiden und den Strunkansatz entfernen, die Avocado halbieren, entkernen, schälen und in Streifen schneiden.

2 Aus der veganen Mayonnaise und dem Senf die Soße anrühren, das Toastbrot goldbraun toasten.

3 Den Räuchertofu in dünne Scheiben schneiden. Etwas Öl in einer Pfanne erhitzen und den Räuchertofu knusprig anbraten. Die Temperatur herunterstellen und ihn mit der Sojasoße würzen.

4 Nun geht's ans Belegen: Dazu eine Scheibe Toast mit der Soße bestreichen, dann mit Räuchertofu und einer Scheibe veganem Käse belegen. Jetzt wird Toast Nummer zwei daraufgelegt, der mit Avocadostreifen, Salatblättern und Tomatenscheiben belegt wird, die mit Salz und Pfeffer gewürzt werden. Den Abschluss macht die dritte Scheibe Toast.

5 Nun das Sandwich mithilfe von zwei Spießen fixieren und diagonal mit einem scharfen Sägemesser halbieren.

Zubereitungszeit: 20 Minuten

Nährwerte pro Portion: 621 kcal, Eiweiß: 26,9 g, Kohlenhydrate: 57,4 g, Fett: 27,2 g

Suppen

Minestrone

Du brauchst für 4 Portionen:

2 Tomaten
2 Zucchini
2 Möhren
2 Stangen Sellerie
1 Zwiebel
3 Knoblauchzehen
1,5 l Gemüsebrühe
½ Tube Tomatenmark
1 Block Räuchertofu
2 Kartoffeln
125 g kleine Nudeln
2 EL Hefeflocken
1 EL italienische Kräuter
Salz, Pfeffer
Öl zum Anbraten

1 Die Tomaten halbieren, den Strunkansatz entfernen, die Möhren und Kartoffeln schälen. Tomaten, Zucchini, Möhren, Sellerie, Zwiebel, Kartoffeln und den Räuchertofu würfeln. Den Knoblauch abziehen und fein hacken.

2 Etwas Öl in einem großen Topf erhitzen und Zwiebel und Knoblauch darin anbraten. Das restliche Gemüse und den Räuchertofu hinzufügen und weitere 4–5 Minuten braten, dann mit der Gemüsebrühe ablöschen und das Tomatenmark sowie die italienischen Kräuter einrühren.

3 Etwa 10 Minuten lang köcheln lassen, dann die Nudeln und Hefeflocken einrühren und weitere 10–15 Minuten zugedeckt köcheln lassen. Anschließend mit Salz und Pfeffer abschmecken.

Zubereitungszeit: 45 Minuten

Nährwerte pro Portion: 425 kcal, Eiweiß: 21,3 g, Kohlenhydrate: 57,3 g, Fett: 9,6 g

Vegane Käse-Lauch-Suppe

Du brauchst für 4 Portionen:

3 Stangen Porree
150 g Sojagranulat
4 EL Hefeflocken
250 ml Hafersahne
3 EL Gemüsebrühe-Pulver
1,5 l Wasser
Pfeffer
Öl zum Anbraten

1 Schneide den dunkelgrünen Teil des Porrees ab. Den hellen Teil schneidest du in feine Ringe.

2 Setze 1,5 l Wasser in einem Wasserkocher auf. Während das Wasser zum Kochen gebracht wird, erhitze 1 EL Öl (zum Beispiel Bratöl) in einem Topf und brate den Porree darin an.

3 Gieße nun das kochende Wasser langsam in den Topf und rühre das Gemüsebrühe-Pulver und das Sojagranulat ein. Lasse es zugedeckt bei mittlerer Hitze 15 Minuten köcheln.

4 Rühre zu guter Letzt die Hefeflocken und die Hafersahne ein und schmecke die Suppe mit etwas Pfeffer ab.

Tipp

Das Grün des Porrees unbedingt behalten. Du kannst es klein schneiden und in einer Dose zusammen mit anderen Gemüseschalen einfrieren. Wenn du eine Dose voll gesammelt hast, kannst du aus den vermeintlichen Abfällen eine köstliche Gemüsebrühe kochen. Dafür einfach etwa 1,5 kg Gemüsereste in 3 l Wasser aufkochen und für 3 Stunden bei niedriger Hitze köcheln lassen. Nach Geschmack mit Salz und Pfeffer würzen und anschließend durch ein Sieb abgießen.

Zubereitungszeit: 20 Minuten

Nährwerte pro Portion: 285 kcal, Eiweiß: 24 g, Kohlenhydrate: 18 g, Fett: 15 g

Mangold-Suppe

Du brauchst für 4 Portionen:

1 kg Kartoffeln
10–12 Stiele Mangold
1 Block Räuchertofu
1 große Zwiebel
1,5 l Gemüsebrühe
250 ml Hafersahne
Öl zum Anbraten
Salz, Pfeffer

1 Kartoffeln und Zwiebel schälen und würfeln, den Tofu ebenfalls würfeln und den Mangold in Streifen schneiden (der Stiel kann mitverwendet werden).

2 Etwas Öl in einem Topf erhitzen und die Zwiebel darin andünsten. Den Tofu hinzufügen und 2–3 Minuten bräunen, damit er ein wenig knusprig wird.

3 Nun den Mangold und die Kartoffeln dazugeben und mit der Gemüsebrühe ablöschen. Zugedeckt bei mittlerer Hitze köcheln lassen, bis die Kartoffeln gar sind.

4 Die Hafersahne hinzufügen und die Suppe mit Salz und Pfeffer abschmecken.

Zubereitungszeit: 40 Minuten

Nährwerte pro Portion: 436 kcal, Eiweiß: 16,7 g, Kohlenhydrate: 48,2 g, Fett: 16,8 g

Kürbiscremesuppe mit Orange und Kokosmilch

Du brauchst für 4 Portionen:

1 Hokkaido-Kürbis
1 Zwiebel
2 Knoblauchzehen
1 walnussgroßes Stück Ingwer

1 Orange
2 mittelgroße Kartoffeln
1,5 l Gemüsebrühe
1 Dose Kokosmilch (400 ml)
2 TL gelbe Currypaste

Salz, Pfeffer
Öl zum Anbraten

1 Den Kürbis halbieren und die Kerne mit einem Löffel entfernen. Dann den Kürbis in Würfel schneiden, die Schale kann beim Hokkaido-Kürbis übrigens dranbleiben

2 Die Zwiebel schälen und würfeln, den Knoblauch schälen und hacken.

3 Die Schale vom Ingwer entfernen und den Ingwer reiben.

4 Die Orange und die Kartoffeln schälen und in Würfel schneiden.

5 Etwas Öl in einem großen Topf erhitzen und Zwiebel, Knoblauch, Ingwer und Currypaste darin anbraten.

6 Den Kürbis, die Kartoffeln und die Orange hinzufügen und 2–3 Minuten lang mitbraten.

5 Mit der Gemüsebrühe ablöschen, die Kokosmilch hinzufügen und zugedeckt bei mittlerer Hitze etwa 20 Minuten köcheln lassen, bis das Gemüse gar ist.

6 Abschließend die Suppe mit einem Pürierstab pürieren und mit Salz und Pfeffer abschmecken.

Gut zu wissen

Der Kürbis lässt sich leichter schneiden, wenn du ihn vorher etwa 20 Minuten bei 180 Grad im Backofen weich werden lässt.

Zubereitungszeit: 45 Minuten

Nährwerte pro Portion: 417 kcal, Eiweiß: 6,9 g, Kohlenhydrate: 41,7 g, Fett: 23,7 g

Omas Gazpacho

Du brauchst:

500 g frische Tomaten
400 g passierte Tomaten
1 Dose gehackte Tomaten (400 g)
1 Gurke
2 Paprikaschoten
2 Scheiben Toast
2 Knoblauchzehen
1 Zwiebel
3 EL Rotweinessig
4 EL Olivenöl
Salz, Pfeffer
1 Prise Zucker
Bei Bedarf etwas Wasser

1 Die frischen Tomaten vierteln, den Stielansatz und die Kerne entfernen. Die Gurke und Zwiebel schälen, die Paprikaschoten entkernen und alles in Stücke schneiden. Die Knoblauchzehen hacken und abziehen.

2 Das Gemüse in einen Hochleistungsmixer oder einen großen Topf geben. Das Toastbrot in Stücke brechen und ebenso wie den Essig, das Olivenöl, Salz, Pfeffer und Zucker hinzufügen. Nun alles auf höchster Stufe im Mixer oder mit einem Pürierstab zu einer glatten Suppe pürieren.

3 Sollte die Gazpacho zu dickflüssig sein, einfach etwas Wasser hinzufügen und bei Bedarf nachwürzen.

Tipp

Als Suppeneinlage eignen sich fein gewürfelte Gurken- und Paprikastückchen und in der Pfanne geröstete Brotwürfel besonders gut.

Zubereitungszeit: 15 Minuten

Nährwerte pro Portion: 303 kcal, Eiweiß: 7 g, Kohlenhydrate: 27,4 g, Fett: 16,8 g

Deftiger Erbseneintopf

Du brauchst für 4 Portionen:

500 g Schälerbsen
2 Möhren
1 Zwiebel
1 Stange Porree
5 Kartoffeln
1,7 l kochendes Wasser
2–3 EL Gemüsebrühe-Pulver
Öl zum Anbraten
Rauchsalz, Pfeffer

1 In einem Wasserkocher 1,7 l Wasser aufsetzen.

2 Die Zwiebel, die Möhren und die Kartoffeln schälen und in Würfel schneiden.

3 Den dunkelgrünen Teil des Porrees entfernen und den hellen Teil in feine Ringe schneiden.

4 Etwas Öl in einem großen Topf erhitzen und zunächst die Zwiebel anbraten, bis sie beginnt braun zu werden. Dann die Möhren und den Porree hinzufügen und 2–3 Minuten lang mitbraten.

5 Nun das kochende Wasser langsam hinzugießen und die Erbsen in den Topf geben.

6 Die Temperatur auf mittlere Hitze herunterstellen und die Suppe zugedeckt 40 Minuten köcheln lassen. Zwischendurch unbedingt umrühren, damit die Erbsen nicht am Topfboden anbrennen.

7 Die Kartoffeln hinzufügen und die Suppe 15–20 weitere Minuten köcheln lassen, bis sie eine sämige Konsistenz hat.

8 Nun geht's ans Würzen: Dazu das Gemüsebrühe-Pulver in die Suppe geben und mit Rauchsalz und Pfeffer abschmecken.

Tipp

Suppen aus trockenen Hülsenfrüchten sollten immer erst gesalzen werden, wenn die Hülsenfrüchte durchgegart sind. Salzt du sie vorher, kann es passieren, dass sie hart bleiben. Übrigens: Durch das Rauchsalz bekommt die Suppe ein besonders deftiges Aroma. Du findest es in der Gewürzabteilung der meisten Supermärkte. Das Porreegrün kannst du natürlich auch hier aufbewahren, um zu einem späteren Zeitpunkt eine Gemüsebrühe daraus zu kochen.

Zubereitungszeit: 70 Minuten

Nährwerte pro Portion: 613 kcal, Eiweiß: 31,1 g, Kohlenhydrate: 97 g, Fett: 6 g

Lasagne-Suppe

Du brauchst für 4 Portionen:

150 g Sojagranulat
1 Zwiebel
2 Knoblauchzehen
2 TL Oregano
600 ml passierte Tomaten
½ Tube Tomatenmark
1,25 l Wasser
12 Lasagneplatten
2 EL Sojasoße
1 EL Balsamico-Essig
Salz, Pfeffer
Olivenöl zum Anbraten
ein paar Blätter Basilikum
pro Teller 1 Klecks vegane Crème fraîche

1 Die Zwiebel schälen und würfeln, den Knoblauch abziehen und fein hacken.

2 Etwas Olivenöl in einem großen Topf erhitzen und Zwiebel und Knoblauch darin anbraten. Das Sojagranulat und die passierten Tomaten hinzufügen und beides miteinander verrühren, dann das Wasser dazugießen und das Tomatenmark einrühren.

3 Mit Oregano, Sojasoße und Balsamico-Essig würzen.

4 Nun die Lasagneplatten in grobe Stücke brechen und in die Suppe geben. Gut umrühren, dass die Nudelplatten mit Flüssigkeit bedeckt sind und etwa 10–15 Minuten lang köcheln lassen, bis die Lasagneplatten gar sind. Mit Salz und Pfeffer abschmecken.

5 Die Suppe auf Teller verteilen und mit ein paar Blättern frischem Basilikum und einem Klecks veganer Crème fraîche servieren.

Tipp

Die Suppe eignet sich prima als vegane Partysuppe.

Zubereitungszeit: 35 Minuten

Nährwerte pro Portion: 520 kcal, Eiweiß: 30,5 g, Kohlenhydrate: 56,6 g, Fett: 16,6 g

Vegane Hühnersuppe

Du brauchst für 4 Portionen:

1 Bund Suppengemüse
150 g Sojaschnetzel (grob)
150 g Suppennudeln
2 l Gemüsebrühe
1 TL Kurkuma
1 Bund Petersilie
Öl zum Anbraten

1 Die Möhren, die Petersilienwurzel und den Sellerie schälen und würfeln. Den Lauch in feine Ringe schneiden.

2 Etwas Öl in einem großen Topf erhitzen und das Gemüse scharf anbraten. Sobald es beginnt braun zu werden, langsam mit der Gemüsebrühe ablöschen.

3 Nun die Sojaschnetzel hineingeben und alles zugedeckt bei mittlerer Hitze 15 Minuten köcheln lassen.

4 Nach 15 Minuten die Suppennudeln und das Kurkumapulver hinzufügen und die Suppe weitere 10 Minuten köcheln lassen.

5 Währenddessen die Petersilie hacken und sie erst kurz vor dem Servieren in die Suppe rühren. So bleiben mehr der wertvollen Vitamine erhalten.

Tipp

Hühnersuppe gilt unter anderem deswegen als unterstützend bei Krankheiten, weil das Hühnerfleisch den Eiweißstoff Cystein enthält, dem eine entzündungshemmende Wirkung nachgesagt wird. Die in der veganen Variante verwendeten Sojaschnetzel enthalten nicht etwa weniger, sondern fast doppelt so viel Cystein wie Hühnerfleisch! Zudem wirkt das enthaltene Kurkuma stark entzündungshemmend. Die vegane Variante ist damit also noch gesünder!

Zubereitungszeit: 40 Minuten

Nährwerte pro Portion: 349 kcal, Eiweiß: 24,5 g, Kohlenhydrate: 39 g, Fett: 6,6 g

Peking-Suppe

Du brauchst für 4 Portionen:

300 g Kräuterseitlinge
1 Zwiebel
4 Tomaten
2 Möhren
1 Glas Sojasprossen (Abtropfgewicht 160 g)
1 Glas Bambussprossen (Abtropfgewicht 180 g)
1 Block Tofu Natur
100 ml Reisessig
4 EL Sojasoße
1 walnussgroßes Stück Ingwer
3 EL Tomatenmark
4 TL Reissirup
2 EL Speisestärke
2 l Wasser
Salz
Sesamöl zum Anbraten

1 Die Kräuterseitlinge mithilfe einer Gabel faserig zerreißen, die Zwiebel schälen und ebenso wie die Tomaten und den Tofu würfeln. Die Möhren schälen und in Stifte schneiden. Den Ingwer in Scheiben schneiden. Der Ingwer dient nur zum Aromatisieren und wird nicht mitgegessen.

2 Etwas Sesamöl in einem großen Topf erhitzen und die Zwiebel und die Kräuterseitlinge kräftig darin anbraten. Das restliche Gemüse und den Tofu hinzugeben und alles mit dem Wasser ablöschen. Nun das Tomatenmark, die Sojasoße, den Reisessig und den Reissirup einrühren und salzen.

3 Die Soja- und Bambussprossen in ein Sieb geben, abtropfen lassen und ebenfalls in die Suppe geben. Für etwa 10 Minuten zugedeckt köcheln lassen.

4 Die Speisestärke mit etwas kaltem Wasser anrühren und in die Suppe geben. Einmal aufkochen lassen, dann weitere 2–3 Minuten köcheln lassen. Zum Schluss mit Salz abschmecken.

Zubereitungszeit: 40 Minuten

Nährwerte pro Portion: 245 kcal, Eiweiß: 14,5 g, Kohlenhydrate: 47,6 g, Fett: 8,2 g

Hauptgerichte

Spaghetti Bolognese

Du brauchst für 4 Portionen:

500 g Spaghetti
6 Tomaten
2 Zwiebeln
4 Knoblauchzehen
150 g Sojagranulat
1 Tube Tomatenmark
2 TL Oregano
500 ml Wasser
2 EL Sojasoße
1 EL Balsamico-Essig
1 TL Ahornsirup oder Agavendicksaft
1 TL Liquid smoke oder etwas Rauchsalz
Salz, Pfeffer
Olivenöl zum Anbraten

1 Die Tomaten in Scheiben schneiden und den grünen Strunkansatz dabei entfernen.

2 Die Zwiebeln schälen, halbieren und in Streifen schneiden.

3 Etwas Öl in einer Pfanne erhitzen und die Zwiebeln darin anbraten, bis sie beginnen braun zu werden. Dann die Tomaten hinzufügen. Den Deckel auf die Pfanne setzen und bei mittlerer Hitze etwa 10 Minuten schmoren lassen, bis die Tomaten zerfallen.

4 Nun das Sojagranulat hinzufügen und mit dem Wasser ablöschen.

5 Tomatenmark und den Oregano einrühren. Die Knoblauchzehen ungeschält in die Pfanne legen. Sie werden einfach mitgekocht und können am Ende entweder herausgenommen oder zerdrückt werden. Die Pfanne wieder verschließen.

6 Jetzt die Nudeln aufsetzen, während die Bolognese-Soße köchelt.

7 Kurz vor Ende der Garzeit der Nudeln die Soße mit Sojasoße, Balsamico-Essig, Ahornsirup, Liquid smoke/Rauchsalz, Salz und Pfeffer abschmecken.

8 Spaghetti abgießen und zusammen mit der Soße genießen.

Tipp

Um dem Gericht eine Extraportion Vitamine zu verpassen, streue einfach ein paar Hefeflocken darüber. Sie haben nicht nur ein wunderbar würziges Aroma, sondern sind zudem reich an B-Vitaminen.

Zubereitungszeit: 45 Minuten

Nährwerte pro Portion: 743 kcal, Eiweiß: 40,7 g, Kohlenhydrate: 115 g, Fett: 8,1 g

Cannelloni-Auflauf

Du brauchst für 4 Portionen:

250 g Cannelloni
700 g Blattspinat TK
2 Blöcke Räuchertofu
2 Becher vegane Crème fraîche
1 TL Knoblauchpulver
1 Zwiebel
2 Knoblauchzehen
1 EL Mehl
½ Tube Tomatenmark
500 ml Pflanzendrink
1 TL italienische Kräuter
100 g veganer Reibekäse
Salz, Pfeffer
Olivenöl

1 Den gefrorenen Blattspinat in 150 ml Wasser erwärmen, bis er aufgetaut ist. Anschließend gut ausdrücken. Den Tofu in Würfel schneiden. Den Spinat zusammen mit dem Tofu und der veganen Crème fraîche, dem Knoblauchpulver sowie 1,5 TL Salz und etwas Pfeffer im Hochleistungsmixer zerhacken.

2 Nun die Masse in die Cannelloni füllen. Das geht am besten mit einer Spritztülle und den Fingern. Die gefüllten Cannelloni in eine Auflaufform legen.

3 Die Zwiebel schälen und würfeln und den Knoblauch abziehen und fein hacken. Etwas Olivenöl in einer Pfanne erhitzen und die Zwiebel und den Knoblauch anbraten. Mit Mehl bestäuben und dem Pflanzendrink ablöschen.

4 Das Tomatenmark in die Soße einrühren und mit den Kräutern sowie Salz und Pfeffer würzen. Die Tomatensoße über die Cannelloni gießen und mit dem veganen Reibekäse bestreuen. Bei 200 Grad Umluft für 30 Minuten backen.

Zubereitungszeit: 30 Minuten

Nährwerte pro Portion: 794 kcal, Eiweiß: 33,1 g, Kohlenhydrate: 69,5 g, Fett: 39,9 g

Kürbislasagne mit roten Linsen

Du brauchst für 4 Portionen:

1 mittelgroßer Hokkaido-Kürbis
250 g rote Linsen
1 Dose gehackte Tomaten (400 g)
750 ml Gemüsebrühe
3 EL Tomatenmark
2 Schalotten
2 Knoblauchzehen
2 TL italienische Kräuter
2 EL vegane Margarine
2 EL Mehl
500 ml Pflanzendrink
1 gehäufter TL mittelscharfer Senf
100 g veganer Reibekäse
ca. 200 g Lasagneplatten
Salz, Pfeffer, Muskat
Öl zum Anbraten

1 Den Kürbis halbieren, entkernen und in Stücke (2x0,5 cm) schneiden. Die Schalotten schälen und würfeln und den Knoblauch abziehen und fein hacken. Etwas Öl in einer Pfanne erhitzen und die Schalotten und den Knoblauch anbraten. Kürbis hinzufügen und 3–4 Minuten mitbraten.

2 Gemüsebrühe hinzugießen und Linsen einrühren. Zugedeckt etwa 10 Minuten köcheln lassen.

3 Gehackte Tomaten, Tomatenmark und Kräuter hinzufügen. Mit Salz und Pfeffer würzen. Zugedeckt weiterköcheln lassen.

4 Währenddessen die Margarine in einem Topf erhitzen und das Mehl mit einem Schneebesen glatt rühren. Den Pflanzendrink hinzugießen und unter Rühren eindicken lassen. Mit Senf, Salz, Pfeffer und Muskat würzen.

5 In einer großen Form eine Schicht der Kürbismischung geben und mit der hellen Soße übergießen. Nun die Lasagneplatten darüberlegen und so lange wiederholen, bis mit der hellen Soße abgeschlossen wird.

6 Die Lasagne mit dem veganen Reibekäse bestreuen und bei 200 Grad Umluft 30 Minuten lang backen.

Tipp

Der Hokkaido-Kürbis hat gegenüber vielen anderen Kürbissorten einen entscheidenden Vorteil: Man muss ihn nicht schälen.

Zubereitungszeit: 30 Minuten | Backzeit: 30 Minuten

Nährwerte pro Portion: 751 kcal, Eiweiß: 29,1 g, Kohlenhydrate: 115,2 g, Fett: 17,4 g

Flammkuchen Elsässer-Art

Du brauchst für 2 Flammkuchen:

400 g Mehl
200 ml Wasser
2 TL Salz
2 EL Öl
1 Becher vegane Crème fraîche
1 Block Räuchertofu
1 Zwiebel
½ Bund Schnittlauch
Salz, Pfeffer

1 Mehl, Wasser, Salz und Öl in eine Schüssel geben und mit den Händen zu einem glatt rühren. Teig verkneten. Abdecken und 30 Minuten ruhen lassen.

2 In der Zwischenzeit die Zwiebel schälen und ebenso wie den Räuchertofu in feine Würfel schneiden, den Schnittlauch in Röllchen schneiden.

3 Den Teig in zwei gleich große Kugeln formen und auf der bemehlten Arbeitsplatte dünn ausrollen. Auf ein mit Backpapier belegtes Backblech legen und jeden Flammkuchen mit je einem halben Becher veganer Crème fraîche bestreichen. Mit Räuchertofu und Zwiebelwürfeln bestreuen und bei 200 Grad Umluft 20–25 Minuten backen, bis der Teig beginnt knusprig zu werden.

4 Den Flammkuchen aus dem Ofen nehmen und mit den Schnittlauchröllchen bestreuen.

Zubereitungszeit: 35 Minuten | Backzeit: 20–25 Minuten

Nährwerte pro Portion: 1.170 kcal, Eiweiß: 38,1 g, Kohlenhydrate: 148,8 g, Fett: 44,8 g

Black-Beans-Burger

Du brauchst für 4 Burger:

4 vegane Burgerbrötchen
1 Dose schwarze Bohnen (Abtropfgewicht 265 g)
1 Kaffeebecher voll Haferflocken
2 EL geschrotete Leinsamen
1,5 Hände voll Walnüsse
2 Zwiebeln
2 Knoblauchzehen
1 EL mittelscharfer Senf
1 TL Liquid smoke oder etwas Rauchsalz
4 Scheiben veganer Käse
2 Tomaten
4 Gewürzgurken
4 Salatblätter
4 EL Tomatenketchup
4 TL mittelscharfer Senf
Öl zum Anbraten
Salz, Pfeffer

1 Die Zwiebeln schälen. Eine in feine Würfel schneiden, die andere in Ringe schneiden. Zwiebeln getrennt lassen. Den Knoblauch abziehen und fein hacken. Etwas Öl in einer Pfanne erhitzen und die gewürfelte Zwiebel und den Knoblauch darin andünsten. Herausnehmen und in eine Schüssel umfüllen.

2 Die Bohnen, die Haferflocken, die Leinsamen, 1 EL Senf und das Liquid smoke oder das Rauchsalz in einen Hochleistungsmixer geben und auf mittlerer Stufe grob zerkleinern. Die Walnüsse hacken und ebenso wie die Zwiebel und den Knoblauchglatt rühren. Die Masse mit Salz und Pfeffer würzen und 4 Burgerpattys daraus formen.

3 Die Tomaten in Scheiben schneiden und den Stielansatz entfernen, die Gewürzgurken ebenfalls längs in Scheiben schneiden.

4 Etwas Öl in einer Pfanne erhitzen und die Burgerpattys knusprig anbraten. Je eine Scheibe veganen Käse auf die Pattys legen. Die Temperatur reduzieren und den Deckel auf die Pfanne legen, bis der Käse geschmolzen ist.

5 Die untere Hälfte der Burgerbrötchen mit Tomatenketchup und mittelscharfem Senf bestreichen, ein Salatblatt darauflegen. Nun das Burgerpatty mit dem geschmolzenen Käse auf den Salat legen und mit Tomaten, Gewürzgurken und Zwiebelringen belegen. Mit der oberen Hälfte des Burgerbrötchens abschließen.

Tipp

Dazu passen selbst gemachte Kartoffelecken perfekt. Ein Rezept dazu findest du auf *Seite 121.*

Zubereitungszeit: 45 Minuten

Nährwerte pro Portion: 556 kcal, Eiweiß: 18,2 g, Kohlenhydrate: 73,9 g, Fett, 18,3 g

Rahmgeschnetzeltes mit Pilzen, Rotkohl und Klößen

Du brauchst für 5 Portionen:

400 g gemischte Pilze (z B. Champignons, Kräuterseitlinge, Austernpilze)
200 g Sojaschnetzel
2 Zwiebeln
500 ml Hafersahne
3 EL Sojasoße
1 EL mittelscharfer Senf
½ Bund Petersilie
1 großes Glas Rotkohl
1 kleines Glas Apfelmark (360 g)
1,5 kg fertiger Kloßteig
Salz, Pfeffer
Öl zum Anbraten

1 Die Sojaschnetzel in gesalzenem Wasser 10 Minuten kochen. Währenddessen die Zwiebeln schälen und würfeln, die Pilze putzen und in mundgerechte Stücke schneiden. Das Wasser für die Klöße in einem großen Topf aufsetzen.

2 Aus dem Kloßteig Klöße formen und in das kochende Wasser geben. Dann die Temperatur herunterstellen und 20–25 Minuten im heißen Wasser ziehen lassen.

3 Den Rotkohl in einen Topf geben und mit dem Apfelmark vermischen. Bei mittlerer Temperatur und regelmäßigem Rühren köcheln lassen.

4 Die Sojaschnetzel in einem Sieb abtropfen lassen. Etwas Öl in einer großen Pfanne/einem großen Topf erhitzen und die Zwiebeln anbraten, bis sie beginnen braun zu werden. Dann die Pilze hinzufügen und 2–3 Minuten mitbraten, zum Schluss die Sojaschnetzel in die Pfanne geben.

5 Nun die Hafersahne hinzufügen und mit der Sojasoße, dem Senf, Salz und Pfeffer würzen und weitere 5 Minuten köcheln lassen. Die Petersilie hacken und in die Soße rühren.

6 Die Klöße mit einer Schöpfkelle aus dem Wasser herausnehmen. Zusammen mit dem Rahmgeschnetzeltem und dem Rotkohl servieren.

Tipp

Dieses Gericht ist besonders gut für festliche Anlässe geeignet. Es erinnert an altbekannte Geschmäcker und ist daher auch für mischköstlichen Besuch perfekt geeignet. Wenn du magst, kannst du das Rahmgeschnetzelte mit einem kleinen Schuss trockenen Weißwein verfeinern.

Zubereitungszeit: 70 Minuten

Nährwerte pro Portion: 726 kcal, Eiweiß: 31,7 g, Kohlenhydrate: 102,2 g, Fett: 14,6 gv

Ofengemüse mit Tempeh

Du brauchst für 4 Personen:

1 kg Kartoffeln
500 g Möhren
500 g Pastinaken
2 Knollen frische Rote Bete
2 Zweige Rosmarin
400 g Tempeh
150 g veganer Feta
3 EL Olivenöl
1 TL Knoblauchpulver
Salz, Pfeffer
Öl zum Anbraten

1 Die Kartoffeln und die Möhren waschen, trocknen und in schmale Stifte schneiden. Die Pastinaken und die Rote Bete schälen und ebenfalls in Stifte schneiden. Beim Schälen der Roten Bete empfiehlt es sich, Handschuhe zu tragen, damit die Haut an den Hände nicht rot eingefärbt wird.

2 Das Gemüse in eine Schüssel geben und mit dem Olivenöl, etwas Knoblauchpulver, Salz und Pfeffer mischen. Anschließend auf zwei mit Backpapier belegten Backblechen verteilen.

3 Die Nadeln des Rosmarins abzupfen und über dem Gemüse verteilen. Bei 200 Grad Umluft 20 Minuten lang backen, dann den veganen Feta über das Gemüse krümeln und weitere 10 Minuten backen.

4 Den Tempeh in Würfel schneiden. Etwas Öl in einer Pfanne erhitzen und den Tempeh knusprig darin anbraten. Zusammen mit dem Ofengemüse servieren.

Zubereitungszeit: 30 Minuten | Backzeit: 30 Minuten

Nährwerte pro Portion: 676 kcal, Eiweiß: 31,6 g, Kohlenhydrate: 71 g, Fett: 24,1 g

Massaman-Curry mit Naturreis

Du brauchst für 5 Portionen:

500 g Naturreis
1 Zwiebel
5 mittelgroße Kartoffeln
300 g grüne Bohnen
200 g Erbsen- oder Sojaschnetzel
400 ml Kokosmilch
400 ml Wasser
3 TL Massaman-Currypaste
1 Handvoll geröstete Erdnüsse/Cashewkerne
Salz
Öl zum Anbraten

1 Den Reis gut unter klarem Wasser abspülen, dann nach Packungsanweisung garen.

2 Die Kartoffeln schälen und in Stücke schneiden. Die Zwiebel würfeln und die Enden der Bohnen abschneiden und diese halbieren.

3 Die Erbsen- oder Sojaschnetzel in gesalzenem Wasser 10 Minuten lang kochen, dann über einem Sieb abgießen.

4 Etwas Öl in einer Pfanne erhitzen und die Currypaste darin erhitzen, bis sie beginnt zu duften. Nun die Zwiebel hinzufügen und andünsten.

5 Bohnen, Kartoffeln und Erbsen- oder Sojaschnetzel in die Pfanne geben und mit Kokosmilch und Wasser ablöschen. So lange zugedeckt köcheln lassen, bis die Kartoffeln und die Bohnen gar sind.

6 Vor dem Servieren mit Erdnüssen oder Cashewkernen bestreuen.

Tipp

Insbesondere Naturreis ist oftmals mit Arsen belastet. Um den Arsengehalt zu reduzieren, empfiehlt es sich, den Reis einige Stunden vor der Zubereitung einzuweichen und anschließend gut abzuspülen.

Zubereitungszeit: 45 Minuten

Nährwerte pro Portion: 848 kcal, Eiweiß: 37,4 g, Kohlenhydrate: 104,5 g, Fett: 28 g

Orientalische Hirsepfanne mit Minzjoghurt

Du brauchst für 4 Portionen:

300 g Hirse
1 Glas Kichererbsen (Abtropfgewicht 220 g)
2 TL Olivenöl
1 rote Paprika
2 Zucchini
100 g Zuckerschoten
½ Bund Petersilie
2 Lauchzwiebeln
1 Granatapfel
400 g ungesüßter Pflanzenjoghurt
4 Stängel frische Minze
1 Knoblauchzehe
½ TL Knoblauchpulver
1 TL Paprika edelsüß
Salz, Pfeffer
Olivenöl zum Anbraten

1 Die Hirse nach Packungsanweisung garen. Währenddessen die Kichererbsen abspülen und in einem Sieb abtropfen lassen, dann in eine Schüssel geben und mit 2 TL Olivenöl, Paprikapulver, Knoblauchpulver und Salz mischen.

2 Die Kichererbsen auf einem mit Backpapier belegten Backblech verteilen und bei 200 Grad Umluft 20 Minuten lang rösten.

3 Die Paprika und die Zucchini würfeln, die Zuckerschoten halbieren und den Granatapfel entkernen. Die Lauchzwiebeln in Ringe schneiden und den weißen Teil von dem grünen Teil trennen. Die Petersilie fein hacken.

4 Etwas Olivenöl in einer großen Pfanne erhitzen und den weißen Teil der Lauchzwiebeln anbraten. Nun die Zucchini, Paprika und die Zuckerschoten hinzufügen und 3–4 Minuten weiterbraten. Mit Salz und Pfeffer würzen.

5 Jetzt die gegarte Hirse hinzufügen und die gerösteten Kichererbsen unterheben. Den grünen Teil der Lauchzwiebeln und die Granatapfelkerne über die Pfanne streuen.

6 Den Joghurt in eine Schüssel geben. Die Blättchen der Minze abzupfen, hacken und in den Joghurt rühren. Den Knoblauch abziehen, in die Schüssel pressen und den Joghurt mit etwas Salz abschmecken. Nun die Hirsepfanne zusammen mit dem Minzjoghurt genießen.

Tipp

Um Flecken auf Kleidung und Küche zu vermeiden, viertele den Granatapfel und fülle eine große Schüssel mit kaltem Wasser. Nun kannst du die Kerne unter Wasser herauslösen, ohne dass der Saft herausspritzt. Praktisch ist, dass die weißen Häutchen an der Wasseroberfläche schwimmen. Sie kannst du abschöpfen und den Rest anschließend durch ein Sieb gießen.

Zubereitungszeit: 60 Minuten

Nährwerte pro Portion: 527 kcal, Eiweiß: 21,4 g, Kohlenhydrate: 78,5 g, Fett: 11,4 g

Tomatenrisotto

Du brauchst für 4 Portionen:

500 g Rundkornreis
1 l Gemüsebrühe
400 ml passierte Tomaten
½ Tube Tomatenmark
2 TL italienische Kräuter
3 EL Hefeflocken
10 getrocknete Tomaten in Öl
3 Knoblauchzehen
2 Schalotten
1 EL Cashewmus
150 g Kirschtomaten
150 g veganer Feta
Salz, Pfeffer
Öl zum Anbraten

1 Die Schalotten schälen und würfeln, die Knoblauchzehen abziehen und fein hacken.

2 Etwas Öl in einem großen Topf erhitzen und die Schalotten und den Knoblauch darin anbraten. Den Reis hinzufügen und mit einem Schuss Gemüsebrühe ablöschen. Mit einem Kochlöffel rühren, bis der Reis die Brühe aufgenommen hat, dann erneut einen Schuss hinzufügen.

3 Im Wechsel Gemüsebrühe und passierte Tomaten einrühren, bis beides vom Reis aufgenommen wurde, und das Risotto eine cremige Konsistenz hat. Nun das Tomatenmark, die Kräuter, das Cashewmus und die Hefeflocken einrühren und mit Salz und Pfeffer abschmecken.

4 Die getrockneten Tomaten in Streifen schneiden, die Kirschtomaten halbieren und beides unter das Risotto heben.

5 Das Risotto in tiefe Teller geben und den veganen Feta darüberkrümeln.

Zubereitungszeit: 40–45 Minuten

Nährwerte pro Portion: 728 kcal, Eiweiß: 17,8 g, Kohlenhydrate: 114,7 g, Fett: 20,4 g

Deftige Dicke-Bohnen-Pfanne

Du brauchst für 4 Portionen:

2 kg Kartoffeln
1 großes Glas grüne dicke Bohnen (Abtropfgewicht 420 g)
1 Block Räuchertofu
1 Stange Porree
2 gehäufte EL Cashewmus
1 EL Senf
1 EL Gemüsebrühe-Pulver
2 EL Hefeflocken
500 ml Wasser
½ Bund Petersilie
Salz, Pfeffer
Öl zum Anbraten

1 Die Kartoffeln schälen, in Stücke schneiden und in gesalzenem Wasser garen.

2 Währenddessen den dunkelgrünen Teil des Porrees entfernen, den hellen Teil in feine Ringe schneiden, den Tofu würfeln und die Bohnen in einem Sieb abtropfen lassen.

3 Etwas Öl in einer Pfanne erhitzen und den Tofu knusprig anbraten. Den Porree hinzufügen und mitbraten. Sobald der Porree etwas Farbe bekommt, mit dem Wasser ablöschen und das Cashewmus einrühren.

4 Dicke Bohnen, Senf, Hefeflocken und Gemüsebrühe-Pulver hinzufügen und bei mittlerer Hitze etwa 10 Minuten köcheln lassen, bis die Soße eindickt. Währenddessen die Petersilie hacken und am Ende der Garzeit unterrühren. Mit Salz und Pfeffer abschmecken.

5 Die Kartoffeln abgießen und zusammen mit der Soße servieren.

Gut zu wissen

Die Dicke-Bohnen-Pfanne schmeckt wie bei Oma und strotzt nur so vor wertvollen Nährstoffen. Sie versorgt dich unter anderem mit vielen Proteinen, Eisen, Zink und einer Menge Ballaststoffen und kommt dabei ganz ohne Ersatzprodukte aus.

Zubereitungszeit: 40 Minuten

Nährwerte pro Portion: 622 kcal, Eiweiß: 25,7 g, Kohlenhydrate: 92,9 g, Fett: 12 g

Veganes Gulasch mit Salzkartoffeln

Du brauchst für 4 Personen:

1,5–2 kg Kartoffeln
200 g Soja- oder Erbsenschnetzel
3 Paprikaschoten
5 Tomaten oder 1 Dose gehackte Tomaten
2 Zwiebeln
1 l Gemüsebrühe
3 EL Tomatenmark
3 EL Paprikapaste oder Ajvar
3 EL Sojasoße
1 TL Liquid smoke oder etwas Rauchsalz
4 große Gewürzgurken
ein Schuss Gurkenwasser
Öl zum Anbraten

1 Die Zwiebeln schälen und ebenso wie die Paprikaschoten, die Tomaten und die Gewürzgurken in Würfel schneiden.

2 Die Kartoffeln schälen, halbieren und in einem großen Topf mit gesalzenem Wasser garen.

3 Öl in einem großen Topf erhitzen und die Zwiebeln scharf darin anbraten. Die Tomaten- und Paprikawürfel hinzugeben und ein paar Minuten mitbraten. Das Gemüse nun mit der Gemüsebrühe ablöschen und die Soja- oder Erbsenschnetzel, das Tomatenmark, die Paprikapaste, die Sojasoße, das Liquid smoke oder Rauchsalz hinzufügen und 20 Minuten zugedeckt köcheln lassen.

4 Das Kochwasser der Kartoffeln abgießen, sobald sie gar sind und den Topf mit einem Deckel verschließen, damit die Kartoffeln heiß bleiben.

5 Die Gurken und das Gurkenwasser zum Gulasch hinzufügen und weitere 5 Minuten köcheln lassen. Das Gulasch zusammen mit den Kartoffeln servieren.

Zubereitungszeit: 50 Minuten

Nährwerte pro Portion: 628 kcal, Eiweiß: 37 g, Kohlenhydrate: 92,6 g, Fett: 6,6 g

Kartoffel-Laibchen

Du brauchst für 3–4 Portionen:
1 kg mehligkochende Kartoffeln
1 Block Räuchertofu
4 EL Speisestärke
3 EL Röstzwiebeln
2 EL gehackte Petersilie
Salz
Öl zum Anbraten

1 Die Kartoffeln schälen, würfeln und in Salzwasser kochen, bis sie weich sind. Nach Ende der Garzeit das Wasser abgießen. Den Tofu mit den Händen zerteilen.

2 Die Kartoffeln mit einem Kartoffelstampfer zerdrücken und mit Speisestärke, Räuchertofu, Röstzwiebeln, Petersilie und Salz vermischen. Das klappt am besten mit den Händen. Pass bitte auf, dass du dich dabei nicht an den noch heißen Kartoffeln verbrennst.

3 Nun mit leicht angefeuchteten Händen Laibchen mit einem Durchmesser von etwa 8 cm formen.

4 Reichlich Öl in einer Pfanne erhitzen, denn nur so werden sie schön knusprig. Dann die Laibchen von beiden Seiten goldgelb anbraten.

Tipp

Dazu passt ein gemischter Salat mit einer Kernmischung perfekt.

Zubereitungszeit: 50 Minuten

Nährwerte pro Portion: 429 kcal, Eiweiß: 18 g, Kohlenhydrate: 58,2 g, Fett: 11,7 g

Köttbullar mit Soße und Kartoffelpüree

Du brauchst für 4 Portionen:

Für die Köttbullar:
100 g Champignons
1 Zwiebel
2 Dosen braune Linsen (Abtropfgewicht je 265 g)
½ Bund Petersilie
1 TL mittelscharfer Senf
1 TL Paprikapulver
1 EL Leinsamen
220 g Haferflocken
Salz
Öl zum Anbraten

Für die Soße:
500 ml Hafersahne
4 EL Sojasoße
2 TL mittelscharfer Senf
1 TL Knoblauchpulver
1 TL Zwiebelpulver
Salz, Pfeffer

Für das Kartoffelpüree:
1,5 kg Kartoffeln
300 ml Pflanzendrink
Muskat
Salz, Pfeffer
Optional:
Preiselbeerkompott

1 Die Linsen in einem Sieb gut abtropfen lassen, die Zwiebel würfeln und die Champignons fein hacken.

2 Etwas Öl in eine Pfanne geben und die Zwiebel glasig dünsten. Die Champignons hinzufügen und 2 Minuten lang mitdünsten. Währenddessen die Petersilie hacken.

3 Alle Zutaten in einen Hochleistungsmixer geben und auf mittlerer Stufe grob zerkleinern. In eine Schüssel umfüllen und 30 Minuten lang stehen lassen.

4 Inzwischen die Kartoffeln schälen, in Stücke schneiden und in einem Topf mit Salzwasser garen.

5 Für die Soße schon mal alle Zutaten in einem Topf mischen, sie wird kurz vor dem Essen einfach erhitzt.

6 Aus der Köttbullar-Masse kleine Bällchen formen. Etwas Öl in einer Pfanne erhitzen und die Köttbullar knusprig von allen Seiten anbraten. Währenddessen die Soße erhitzen.

7 Nun das Kartoffelpüree zubereiten. Dazu das Kochwasser abgießen und den Pflanzendrink hinzufügen. Salzen, pfeffern und mit etwas Muskat würzen, dann alles mit einem Kartoffelstampfer zerkleinern.

8 Wenn du möchtest, kannst du alles mit einem Klecks Preiselbeerkompott genießen.

Zubereitungszeit: 60 Minuten

Nährwerte pro Portion: 821 kcal, Eiweiß: 27,8 g, Kohlenhydrate: 121,6 g, Fett: 19,6 g

Sellerie-Jägerschnitzel mit Kartoffelecken

Du brauchst für 4 Portionen:

Für die Kartoffelecken:
1,5–2 kg Kartoffeln
2 EL Rapsöl
1 TL Paprika edelsüß
1 TL Knoblauchpulver
2 EL Hefeflocken
Salz

Für die Sellerieschnitzel:
1 Knolle Sellerie
75 g Mehl
125 ml Pflanzendrink
1 TL mittelscharfer Senf
1 TL Knoblauchpulver
100 g Paniermehl
Salz
Öl zum Anbraten

Für die Jägersoße:
300 g braune Champignons
1 Zwiebel
3 EL vegane Margarine
2 EL Mehl
400 ml Gemüsebrühe
250 ml Hafersahne
3 EL Tomatenmark
2 EL Sojasoße
1 EL Balsamico-Essig
2 TL mittelscharfer Senf
2 EL gehackte Petersilie
Salz, Pfeffer

1 Die Kartoffeln waschen und je nach Größe vierteln oder achteln. In eine Schüssel geben und mit dem Rapsöl, dem Paprika- und Knoblauchpulver, den Hefeflocken und etwas Salz verrühren. Auf ein mit Backpapier belegtes Backblech legen und bei 200 Grad Umluft 30 Minuten knusprig backen.

2 Den Sellerie schälen und in 1 cm dicke Scheiben schneiden. Je nach Größe der Knolle, die Scheiben noch mal in der Mitte durchschneiden.

3 Die Sellerieschеiben in Salzwasser etwa 10 Minuten lang kochen, danach gut abtropfen lassen.

4 Das Mehl mit dem Pflanzendrink, dem Senf, dem Knoblauchpulver und etwas Salz glatt verrühren. Nun die Selleriescheiben zunächst im Teig wälzen, dann im Paniermehl.

5 Reichlich Öl in einer Pfanne erhitzen und nun die Schnitzel von beiden Seiten goldgelb anbraten.

6 Für die Soße die Champignons in Scheiben schneiden und die Zwiebel abziehen und würfeln.

7 Die Margarine in einem Topf erhitzen und zunächst die Zwiebel andünsten, dann die Champignons hinzufügen und 2–3 Minuten weiterbraten. Mit dem Mehl bestäuben und der Gemüsebrühe ablöschen.

8 Die Soße gut mit einem Schneebesen verrühren und aufkochen lassen, damit sie eindickt. Dann die Hafersahne, das Tomatenmark, die Sojasoße, den Balsamico-Essig und den Senf einrühren und bei niedriger Temperatur köcheln lassen. Die Petersilie einstreuen und mit Salz und Pfeffer abschmecken.

9 Die Schnitzel zusammen mit den Kartoffelecken und der Soße servieren.

Zubereitungszeit: 60 Minuten

Nährwerte pro Portion: 758 kcal, Eiweiß: 22,3 g, Kohlenhydrate: 110,6 g, Fett: 20,6 g

Kartoffelgratin

Du brauchst für 2 Portionen:
1 kg Kartoffeln
250 ml Hafersahne
250 ml Pflanzendrink
2 EL Hefeflocken
1 Knoblauchzehe
Salz, Pfeffer
100 g veganer Reibekäse

1 Die Kartoffeln schälen und in sehr dünne Scheiben schneiden. Dann zusammen mit der Hafersahne, dem Pflanzendrink und den Hefeflocken in einen Topf geben.

2 Den Knoblauch abziehen und in den Topf pressen, dann die Mischung aufkochen lassen und bei mittlerer Hitze etwa 10 Minuten köcheln lassen. Anschließend alles mit Salz und Pfeffer abschmecken.

3 Den Topfinhalt in eine Auflaufform gießen und mit veganem Reibekäse bestreuen.

4 Bei 200 Grad Umluft 30 Minuten lang backen.

Tipp

Damit der Kartoffelgratin ein besonders feines Aroma bekommt, kannst du Kräuter, wie zum Beispiel Rosmarin, hinzufügen.

Zubereitungszeit: 20 Minuten | Backzeit: 30 Minuten

Nährwerte pro Portion: 734 kcal, Eiweiß: 16 g, Kohlenhydrate: 106,3 g, Fett: 23,9 g

Gyrosteller

Du brauchst für 4 Portionen:

300 g pulled Soja oder Sojaschnetzel
1,5 kg Kartoffeln
1 Zwiebel
1 Töpfchen Krautsalat
2 EL Gyrosgewürz
2 EL Sojasoße
2 TL Paprika edelsüß
2 EL Rapsöl
1 TL Knoblauchgranulat
Salz
Öl zum Anbraten

1 Die Kartoffeln waschen, in Stifte schneiden und in eine Schüssel geben. Mit 1 TL Paprikapulver, Salz und 2 EL Rapsöl vermischen und auf ein mit Backpapier belegtes Backblech geben. Bei 200 Grad Umluft 30 Minuten knusprig backen.

2 Währenddessen das pulled Soja oder die Sojaschnetzel in Salzwasser 8–10 Minuten kochen, dann in einem Nudelsieb abtropfen lassen.

3 Etwas Öl in einer Pfanne erhitzen und das Soja scharf darin anbraten, bis es beginnt knusprig zu werden. Dann mit Sojasoße, Paprikapulver, Knoblauchpulver und Gyrosgewürz würzen und weitere 2–3 Minuten braten.

4 Die Zwiebel schälen und in Ringe schneiden.

5 Nun die fertigen Pommes frites zusammen mit etwas Krautsalat und dem veganen Gyros auf den Teller geben und ein paar Zwiebelringe darüberlegen.

Tipp

Zum Gyrosteller schmeckt der vegane Tsatsiki besonders gut. Das Rezept findest du auf *Seite 129.*

Zubereitungszeit: 45 Minuten

Nährwerte pro Portion: 688 kcal, Eiweiß: 41,9 g, Kohlenhydrate: 80,8 g, Fett: 15,6 g

Soßen und Dips

Basilikum-Pesto

Du brauchst für 4 Portionen:

2 Bund Basilikum
1 Knoblauchzehe
50 ml Olivenöl
75 g Pinienkerne
2 EL Hefeflocken
1 TL Salz

Das Basilikum waschen und grob hacken. Zusammen mit den restlichen Zutaten in einen Hochleistungsmixer geben und auf höchster Stufe etwa 30 Sekunden pürieren. Alternativ kannst du auch einen Pürierstab verwenden. Das Pesto passt zu Nudeln aller Art, aber schmeckt auch zu Pellkartoffeln hervorragend!

Gut zu wissen

Wusstest du, dass herkömmliches Pesto oft nicht einmal vegetarisch ist? Viele Pesto-Sorten enthalten Parmesan, der mit echtem Lab, das aus Kälbermägen gewonnen wird, hergestellt wird. Da ist doch die vegane Variante, in der stattdessen Hefeflocken zum Einsatz kommen, nicht nur tierfreundlicher, sondern auch appetitlicher.

Zubereitungszeit: 10 Minuten

Nährwerte pro Portion: 235 kcal, Eiweiß: 6,1 g, Kohlenhydrate: 3 g, Fett: 22,2 g

Tsatsiki

Du brauchst für 4 Portionen:

500 g ungesüßten Sojajoghurt
1 Salatgurke
1 Bund Dill
2 Knoblauchzehen
½ Zitrone
Salz, Pfeffer

1 Die Salatgurke reiben und in ein Sieb geben. Dann mit den Händen gut ausdrücken und in eine Schüssel geben.

2 Den Joghurt ebenfalls in die Schüssel füllen und mit der Gurke vermischen.

3 Nun den Dill und die beiden Knoblauchzehen hacken und die Zitrone auspressen.

4 Die Zutaten ebenfalls in den Joghurt einrühren und den Tsatsiki mit Salz und Pfeffer abschmecken.

Tipp

Der Tsatsiki eignet sich hervorragend zu frischem Brot oder veganen Grillgerichten. Lässt du ihn 1–2 Stunden ziehen, schmeckt er besonders gut.

Zubereitungszeit: 20 Minuten

Nährwerte pro Portion: 81 kcal, Eiweiß: 6,3 g, Kohlenhydrate: 4,5 g, Fett: 3,2 g

Bratensoße

Du brauchst für 4 Portionen:

150 g Champignons
1 Möhre
1 Schalotte
1 Knoblauchzehe
1 EL Mehl
1 EL Tomatenmark
1 EL Sojasoße
1 EL Balsamico-Essig
1 TL Senf
100 ml roter Traubensaft oder Rotwein
400 ml Gemüsebrühe
1 Lorbeerblatt
Salz, Pfeffer
Öl zum Anbraten

1 Champignons fein würfeln, die Möhre, die Schalotte und die Knoblauchzehe schälen und ebenfalls fein würfeln.

2 Etwas Öl in einem Topf erhitzen, und die Champignons und die Schalotte anbraten, bis sie beginnen braun zu werden. Möhre und Knoblauch hinzufügen und 3–4 Minuten weiterbraten.

3 Das Mehl einrühren und mit dem Traubensaft oder Rotwein und der Gemüsebrühe ablöschen. Die restlichen Zutaten einrühren und bei mittlerer Hitze 10 Minuten köcheln lassen.

4 Nun das Lorbeerblatt herausnehmen und die Soße entweder durch ein Sieb drücken oder fein pürieren und anschließend mit Salz und Pfeffer abschmecken.

Tipp

Die Bratensoße passt hervorragend zu deftigen Gerichten, wie Klößen und Rotkohl oder veganen Bratlingen.

Zubereitungszeit: 25 Minuten

Nährwerte pro Portion: 104 kcal, Eiweiß: 3,5 g, Kohlenhydrate: 11,8 g, Fett: 4,1 g

Sauce hollandaise

Du brauchst für 4 Portionen:
50 ml Öl mit Buttergeschmack
2 EL Mehl
250 ml Hafersahne
250 ml Pflanzendrink
Saft von einer Zitrone
1 Messerspitze Kurkuma
1 TL Kala Namak
1 Prise Zucker
Salz

Zubereitungszeit: 15 Minuten

Nährwerte pro Portion: 264 kcal, Eiweiß: 1,7 g, Kohlenhydrate: 15,3 g, Fett: 21,7 g

1 Das Öl in einem Topf erhitzen und das Mehl dann mit einem Schneebesen einrühren.

2 Nun die Hafersahne, den Pflanzendrink und den Zitronensaft unter Rühren hinzufügen und einmal aufkochen, bis die Soße schön dickflüssig ist.

3 Den Topf vom Herd nehmen und mit Kala Namak, Kurkuma, Zucker und Salz würzen.

Tipp

Die Sauce hollandaise passt perfekt zu Spargel und gedünstetem Gemüse.

Champignon-Rahmsoße

Du brauchst für 4 Portionen:
300 g Champignons
500 ml Hafersahne
1 gehäufter TL mittelscharfer Senf
3 EL Sojasoße
1 TL Knoblauchpulver
1 TL Zwiebelpulver
1 EL gehackte Petersilie
1 EL gehackter Schnittlauch
Salz, Pfeffer
1 EL Speisestärke + 50 ml kaltes Wasser

1 Die Champignons in Scheiben schneiden.

2 Die Hafersahne in einen Topf geben und mit Senf, Sojasoße, Knoblauchpulver, Zwiebelpulver, Schnittlauch und Petersilie verrühren. Nun die Champignons in die Soße geben und etwa 10 Minuten köcheln lassen. Wenn die Soße zu flüssig sein sollte, die Stärke mit kaltem Wasser anrühren und in die Soße geben. Unter Rühren kurz aufkochen lassen und bis zur gewünschten Sämigkeit köcheln lassen. Mit Salz und Pfeffer abschmecken.

Zubereitungszeit: 15 Minuten

Nährwerte pro Portion: 154 kcal, Eiweiß: 4,8 g, Kohlenhydrate: 11,1 g, Fett: 9,7 g

Béchamelsoße

Du brauchst für 4 Portionen:

2 EL vegane Margarine
2 EL Mehl
500 ml Pflanzendrink
1 TL mittelscharfer Senf
Salz, Pfeffer, Muskat

1 Die Margarine in einem Topf schmelzen und erhitzen, dann das Mehl mit einem Schneebesen einrühren und zügig unter stetigem Rühren den Pflanzendrink hinzufügen.

2 Die Soße einmal aufkochen lassen, bis sie eingedickt ist, dann die Temperatur herunterstellen.

3 Mit Senf, Salz, Pfeffer und einer Prise Muskat würzen.

Tipp

Die Béchamelsoße eignet sich zu Gemüse aller Art, ganz besonders zu Brokkoli, Blumenkohl und Kohlrabi. Für leckere Gemüse-Kartoffel-Aufläufe ist es die perfekte Soße: Einfach gekochtes Gemüse und gekochte Kartoffeln in eine Auflaufform geben, mit Béchamelsoße begießen und mit veganem Reibekäse bestreuen. Schmeckt superlecker!

Zubereitungszeit: 10 Minuten

Nährwerte pro Portion: 100 kcal, Eiweiß: 1,5 g, Kohlenhydrate: 9,6 g, Fett: 6 g

Salat-Dressing

Du brauchst für eine große Schüssel Salat für 4 Portionen:

2 EL mittelscharfer Senf
3 EL Olivenöl
2 EL Balsamico-Essig
1 EL gehackte Kräuter
50 ml Wasser
Salz, Pfeffer

Alle Zutaten in eine Schale oder ein Glas geben und gut miteinander verrühren.

Tipp

Die Soße am besten erst kurz vor dem Servieren über den Salat gießen. Das verhindert, dass er matschig wird.

Zubereitungszeit: 5 Minuten

Nährwerte pro Portion: 116 kcal, Eiweiß: 0,7 g, Kohlenhydrate: 2,1 g, Fett: 11,7 g

Rote-Bete-Hummus

Du brauchst für 4 Portionen:
1 Dose Kichererbsen
(Abtropfgewicht 220 g)
1 Knolle frische Rote Bete
1 EL Tahin (Sesammus)
2 EL Olivenöl
Saft von ½ Zitrone
1 Knoblauchzehe
Salz, Pfeffer

1 Spüle die Kichererbsen in einem Sieb mit Wasser ab und lasse sie abtropfen.

2 Schäle die Rote Bete und schneide sie in grobe Stücke. An dieser Stelle empfehle ich dir, Handschuhe zu tragen, damit die Rote Bete deine Hände nicht einfärbt.

3 Gib die Kichererbsen, die Rote Bete, das Tahin, das Olivenöl, den Zitronensaft, die Knoblauchzehe, Salz und Pfeffer in deinen Hochleistungsmixer und püriere alles so lange, bis eine glatte Masse entstanden ist.

Gut zu wissen

Hummus kannst du gerne sehr regelmäßig in deinen Speiseplan integrieren, denn er steckt voller Nährstoffe in günstiger Kombination. So ist er besonders reich an Eisen und Zink, deren Bioverfügbarkeit durch den Zitronensaft verbessert wird, er enthält viele Proteine und durch das Tahin eine Extraportion Kalzium. Das Tahin findest du entweder im Supermarkt bei den süßen Brotaufstrichen, in der Drogerie oder im Bioladen.

Tipp

Gieße die Kichererbsen so ab, dass du die Flüssigkeit auffangen kannst. Du kannst sie für Mousse au Chocolat (Rezept auf Seite 141) verwenden!

Zubereitungszeit: 10 Minuten

Nährwerte pro Portion: 186 kcal, Eiweiß: 5,5 g, Kohlenhydrate: 13,4 g, Fett: 10,7 g

Desserts und Kuchen

Fin Carré

Mousse au Chocolat

Du brauchst für 5 Dessertgläser:

etwa 220 ml Aquafaba (Flüssigkeit von 2 Dosen Kichererbsen oder Kidneybohnen)

200 ml vegane Schlagcreme

200 g vegane Zartbitterschokolade

1 TL Weinstein-Backpulver

2 EL Puderzucker

1 Die Schokolade in Stücke schneiden und in einem Wasserbad zum Schmelzen bringen. Dann aus dem Wasserbad heben und den Topf auf ein Geschirrtuch stellen.

2 Die Kichererbsen in ein Sieb geben und zum Beispiel für Hummus (Rezept Seite 137) verwenden. Die Flüssigkeit in einem Rührgefäß auffangen. Nun das Aquafaba mit einem Handmixer aufschlagen, bis es die Konsistenz von steif geschlagenem Eiweiß bekommt (das kann 5–10 Minuten dauern). Dann das Weinstein-Backpulver und den Puderzucker hinzufügen und die Mischung in eine große Schüssel umfüllen.

3 Die vegane Schlagcreme aufschlagen und langsam unter das aufgeschlagene Aquafaba heben.

4 Sobald die Schokolade nur noch lauwarm ist, wird sie ganz vorsichtig unter die anderen Zutaten gerührt. Wichtig ist, dass die Schokolade nicht zu heiß ist, sonst fällt das Aquafaba in sich zusammen. Nun alles entweder in kleine Dessertgläser oder in eine größere Dessertschüssel füllen und mindestens 2 Stunden lang im Kühlschrank abkühlen lassen.

Gut zu wissen

Du kannst das Mousse au Chocolat auch am Vortrag zubereiten. Das tut dem Geschmack keinen Abbruch.

Zubereitungszeit: 20 Minuten | Kühlzeit: mindestens 2 Stunden

Nährwerte pro Portion: 349 kcal, Eiweiß: 3,5 g, Kohlenhydrate: 26 g, Fett: 25,6 g

Bratäpfel mit Marzipansoße

Du brauchst für 3 Bratäpfel:

3 Äpfel
1 EL Zitronensaft
2 EL vegane Margarine
1 EL Kokosblütenzucker
2 EL Rosinen
3 EL gehackte Mandeln
½ TL Zimt

Für die Marzipansoße:
200 ml Hafermilch
50 g Marzipanrohmasse
1 EL Stärke
+ 3 EL Hafermilch

1 Die Kappe der Äpfel abschneiden und das Kerngehäuse herauskratzen. Das funktioniert gut mit einem Messer und einem Teelöffel. Dann mit dem Zitronensaft beträufeln, damit die Äpfel nicht braun werden.

2 Die Margarine, den Kokosblütenzucker, die Rosinen, die Mandeln und den Zimt in einen Topf geben und erwärmen, sodass die Margarine schmilzt. Nun die Masse in die Äpfel füllen, die Kappe schräg aufsetzen und bei 200 Grad Umluft 30 Minuten lang backen.

3 Währenddessen die Marzipansoße zubereiten. Dazu die Hafermilch in einen Topf geben und das Marzipan in kleinen Stückchen hineinzupfen. Erwärmen, bis sich das Marzipan aufgelöst hat und die Soße zu köcheln beginnt. Die Stärke mit den 3 EL kalter Hafermilch anrühren und in die Soße einrühren. So lange köcheln lassen, bis die Soße eine dickflüssige Konsistenz bekommen hat.

4 Die fertigen Bratäpfel auf Tellern verteilen und mit der Soße beträufeln.

Tipp

Diese Version der Bratäpfel eignet sich wunderbar als Dessert in der Weihnachtszeit.

Zubereitungszeit: 20 Minuten | Backzeit: 30 Minuten

Nährwerte pro Portion: 343 kcal, Eiweiß: 4,7 g, Kohlenhydrate: 42,7 g, Fett: 15,5 g

Herrencreme

Du brauchst für 4 Portionen:

500 ml Pflanzendrink
1 Päckchen Vanillepuddingpulver
200 ml vegane Schlagcreme
3 EL Zucker
150 g vegane Zartbitterschokolade
2–3 Tropfen Rumaroma

1 100 ml des Pflanzendrinks zusammen mit dem Vanillepuddingpulver und dem Zucker glatt rühren. Die restlichen 400 ml in einem Topf zum Kochen bringen, dann die Puddingpulver-Mischung einrühren und eindicken lassen. Ein Stück Frischhaltefolie auf die heiße Puddingoberfläche legen, damit sich keine Haut bildet, dann abkühlen lassen.

2 Die Zartbitterschokolade fein hacken und die vegane Schlagcreme steif schlagen und zusammen mit dem Rumaroma unter den abgekühlten Pudding heben. In Dessertgläser füllen und bis zum Servieren kalt stellen.

Tipp

Wenn es schnell gehen muss, kannst du auch auf fertige vegane Raspelschokolade zurückgreifen. Die Zartbitter-Varianten sind in den meisten Fällen vegan.

Zubereitungszeit: 20 Minuten

Nährwerte pro Portion: 444 kcal, Eiweiß: 2,4 g, Kohlenhydrate: 26 g, Fett: 19,9 g

Rote Grütze mit Vanillesoße

Du brauchst für 4 Portionen rote Grütze:

500 g gemischte Beeren (TK)
2 EL Zucker
150 ml Kirschsaft
1–2 EL Vanillepuddingpulver

Für die Vanillesoße:
1 Vanilleschote
10 g Speisestärke
250 ml Pflanzendrink
2 EL Ahornsirup
1 Prise Kurkuma

1 Vom Kirschsaft 3 EL abnehmen und beiseitestellen. Den restlichen Kirschsaft mit Zucker und Beeren in einen Topf geben und aufkochen.

2 Währenddessen das Vanillepuddingpulver mit 3 EL Kirschsaft anrühren und in die kochende Beerenmischung geben, bis diese ein wenig eindickt. Nun die rote Grütze in Dessertgläser füllen und abkühlen lassen.

3 Für die Soße die Vanilleschote halbieren und das Mark mit einem Messer herauskratzen.

4 Die Speisestärke mit 4 EL des Pflanzendrinks glatt rühren.

5 Die restliche Milch gemeinsam mit dem Ahornsirup, dem Vanillemark und der ausgekratzten Vanilleschote zum Kochen bringen. Die Stärkemischung und eine Prise Kurkuma einrühren und so lange köcheln lassen, bis die gewünschte Sämigkeit erreicht ist.

6 Ebenfalls abkühlen lassen und zusammen mit der roten Grütze genießen.

Zubereitungszeit: 20 Minuten

Nährwerte pro Portion: 181 kcal, Eiweiß: 1,9 g, Kohlenhydrate: 33,4 g, Fett: 2,8 g

Erdbeer-Schichtdessert

Du brauchst für 4 Portionen:

12 helle vegane Kekse (z. B. Lotus)
400 g veganer ungesüßter Skyr
200 g vegane Schlagcreme
300 g Erdbeeren (frisch oder TK, dann Auftauzeit einrechnen)
3 EL Puderzucker
70 g vegane weiße Schokolade

1 Die Kekse in einen Gefrierbeutel legen, lose verschließen und mit einem Nudelholz oder Topfboden zerkleinern. Dann auf die Dessertgläser oder in einer Auflaufform verteilen.

2 Die vegane Schlagcreme aufschlagen und mit 2 EL Puderzucker süßen. Den veganen Skyr glatt rühren und die Schlagcreme unterheben. Die Creme ebenfalls in die Gläser oder die Auflaufform füllen.

3 Die Erdbeeren zusammen mit 1 EL Puderzucker fein pürieren und über die Creme gießen. Nun die weiße Schokolade hacken und über die Erdbeeren streuen.

Zubereitungszeit: 30 Minuten

Nährwerte pro Portion: 487 kcal, Eiweiß: 8,4 g, Kohlenhydrate: 39,2 g, Fett: 31,3 g

Lavakuchen

Du brauchst für 6 Küchlein:

125 g vegane Zartbitter-schokolade
50 ml neutrales Pflanzenöl
150 ml Pflanzendrink
100 g Mehl
50 g Zucker
15 g Backkakao
etwas Fett für die Form

Optional:
Puderzucker oder Backkakao, frische Früchte

1 Den Backofen auf 200 Grad Umluft vorheizen und das Muffinblech einfetten.

2 80 g der Schokolade grob hacken oder in Stücke brechen und in einem Wasserbad schmelzen. Dann mit den anderen Zutaten (bis auf die restliche Schokolade) verrühren.

3 Die restliche Schokolade in Stücke brechen und auf 6 Portionen aufteilen. Nun die Muffinformen zur Hälfte mit Teig füllen, je eine Portion Schokolade darauflegen und mit dem restlichen Teig verschließen.

4 Bei 200 Grad Umluft 9 Minuten backen, anschließend sehr vorsichtig aus der Form lösen und auf kleine Teller legen. Optional mit etwas Puderzucker oder Backkakao bestäuben und mit frischen Früchten servieren.

Zubereitungszeit: 20 Minuten | Backzeit: 9 Minuten

Nährwerte pro Portion: 289 kcal, Eiweiß: 3,7 g, Kohlenhydrate: 31,5 g, Fett: 16,2 g

Marmorkuchen

Du brauchst für eine 28–30 cm Kastenform:

300 g Mehl
1 Päckchen Vanillepuddingpulver
150 g Zucker
1 Päckchen Backpulver
1 TL Natron
300 ml Pflanzendrink
120 ml neutrales Pflanzenöl
2 EL Apfelessig
2 EL Backkakao
50 ml Pflanzendrink für den Schokoteig
150 g vegane Zartbitterschokolade
Zuckerstreusel
vegane Margarine für die Form

1 Mehl, Vanillepuddingpulver, Zucker, Backpulver und Natron in einer Schüssel mischen. 300 ml Pflanzendrink, Öl und Apfelessig hinzufügen und zügig mit einem Schneebesen verrühren, damit der Teig nicht zäh wird, sondern schön fluffig bleibt.

2 Etwa die Hälfte des Teiges in eine andere Schüssel umfüllen und den Backkakao und die 50 ml Pflanzendrink einrühren.

3 Die Kastenform einfetten und den hellen Teig hineingeben. Den dunklen Teig darüber verteilen und mit einer Gabel ein spiralförmiges Muster in den Teig ziehen. Den Kuchen bei 180 Grad Umluft 45 Minuten backen. Dann eine Stäbchenprobe machen: Mit einem Holzstäbchen in den Teig stechen; bleiben keine Krümel oder Teig daran hängen, ist der Kuchen fertig. Anschließend auf einem Kuchenrost abkühlen lassen.

4 Die Schokolade in grobe Stücke brechen und in einem Wasserbad schmelzen. Die geschmolzene Schokolade über den Kuchen gießen und nach Belieben mit Zuckerstreuseln dekorieren. Die Schokolade fest werden lassen.

Zubereitungszeit: 15 Minuten | Backzeit: 45 Minuten

Nährwerte pro Portion: 321 kcal, Eiweiß: 4,9 g, Kohlenhydrate: 48,9 g, Fett: 18,4 g

Käsekuchen mit Mandarinen

Du brauchst für eine 26 cm Springform:

Für den Teig:
350 g Mehl
130 g Zucker
1 TL Backpulver
170 g vegane Margarine
3 EL Pflanzendrink
vegane Margarine
für die Form

Für die Creme:
110 g vegane Margarine
800 g ungesüßter
veganer Skyr
200 ml Hafersahne
120 g Zucker
2 Päckchen
Vanillepuddingpulver

1 Dose Mandarinen
abgeriebene Schale
einer Zitrone

1 Alle Zutaten für den Teig in eine Schüssel geben und mit den Händen zu einem Teig verkneten. Den Teig abdecken und eine halbe Stunde im Kühlschrank ruhen lassen.

2 Für die Creme die Margarine in einem Topf schmelzen und anschließend mit dem Skyr, der Hafersahne, dem Zucker, dem Vanillepuddingpulver und der Zitronenschale in einer Schüssel mithilfe eines Handmixers oder Schneebesens glatt rühren.

3 Die Mandarinen in ein Sieb geben und gut abtropfen lassen.

4 Den Teig aus dem Kühlschrank nehmen und etwa 0,5 cm dick ausrollen. Die Springform mit etwas Margarine einfetten und den Teig hineinlegen. An den Rändern etwa 4–5 cm hochziehen und den Boden einige Male mit einer Gabel einstechen.

5 Die Creme auf dem Boden verteilen, glatt streichen und mit den Mandarinen belegen. Bei 180 Grad 60 Minuten lang backen. Sollte der Kuchen zu dunkel werden, mit einem Stück Alufolie abdecken. Den Kuchen nach der Backzeit bei geöffneter Backofentür 15 Minuten ruhen lassen, dann herausnehmen und abkühlen lassen. Nun mindestens 3 Stunden, besser über Nacht, in den Kühlschrank stellen.

Zubereitungszeit: 30 Minuten | Backzeit: 60 Minuten + 15 Minuten Ruhezeit | Kühlzeit: mindestens 3 Stunden

Nährwerte pro Portion: 385 kcal, Eiweiß: 7,5 g, Kohlenhydrate: 36,2 g, Fett: 22,7 g

Schneller Apfelkuchen

Du brauchst für eine 26 cm Springform:

300 g Mehl
1 Päckchen Vanillepuddingpulver
150 g Zucker
1 TL Zimt
1 Päckchen Backpulver
1 TL Natron
2 EL Apfelessig
150 ml neutrales Öl
300 ml Pflanzendrink
2 säuerliche Äpfel
2 EL Mandelblättchen
1 EL Puderzucker
vegane Margarine für die Form

2 Mehl, Vanillepuddingpulver, Zucker, Zimt, Backpulver und Natron in eine Schüssel geben und mit Apfelessig, Öl und dem Pflanzendrink zu einem glatten Teig verrühren.

3 Die Springform einfetten und den Teig hineingeben.

4 Die Äpfel schälen, vierteln und in schmale Streifen schneiden. Nun die Apfelstreifen kreisförmig auf dem Teig verteilen.

5 Die Mandelblättchen darüberstreuen und den Kuchen bei 180 Grad Umluft 40–45 Minuten lang backen. Mit der Stäbchenprobe überprüfen, ob der Kuchen durchgebacken ist.

6 Den Kuchen nach dem Backen abkühlen lassen. Anschließend den Puderzucker in ein Sieb geben und den Kuchen damit bestäuben.

Tipp

Du kannst für den Kuchen auch anderes Obst, wie Blaubeeren oder Kirschen, verwenden. Wichtig ist nur, dass es nicht zu viel Flüssigkeit enthält, da der Teig sonst matschig wird.

Zubereitungszeit: 15 Minuten | Backzeit: 40–45 Minuten

Nährwerte pro Portion: 281 kcal, Eiweiß: 2,8 g, Kohlenhydrate: 36,9 g, Fett: 13,3 g

Karottenkuchen

Du brauchst für eine 26 cm Springform:

250 g Mehl
200 g gemahlene Mandeln
375 g Karotten
180 g Zucker
1 TL Zimt
1 Päckchen Backpulver
4 EL Apfelmus
2 EL Chiasamen oder geschrotete Leinsamen
250 ml neutrales Pflanzenöl
vegane Margarine für die Form
300 g veganer Frischkäse
100 g Puderzucker.
2 EL gehackte Pistazien
Karotten zur Deko

1 Die Karotten schälen und fein reiben. Zusammen mit Mehl, Backpulver, Mandeln, Zucker, Zimt, Apfelmus, Chia- oder Leinsamen und Öl in einer Schüssel vermischen. Das funktioniert am besten mit einem Schneebesen.

2 Die Springform mit der veganen Margarine einfetten und den Teig hineingeben. Bei 180 Grad Umluft 45 Minuten lang backen. Anschließend mit einem Messer um den Kuchen herumfahren und vom Springformrand lösen und auf einem Rost abkühlen lassen.

3 Für das Frosting den Frischkäse in eine Schüssel geben und den Puderzucker darübersieben. Mit einem Mixer gut verrühren und auf dem abgekühlten Kuchen verstreichen.

4 Die Karotten schälen und entweder grob raspeln oder mit einem Spiralschneider verarbeiten. Dann den Kuchen mit gehackten Pistazien und Karotten dekorieren.

Gut zu wissen

Apfelmus und Chia- oder Leinsamen sorgen sowohl für Bindung und neben den Karotten für Saftigkeit. Damit ersetzen sie prima Eier.

Zubereitungszeit: 30 Minuten | Backzeit: 45 Minuten

Nährwerte pro Portion: 430 kcal, Eiweiß: 7,5 g, Kohlenhydrate: 42,4 g, Fett: 24,1 g

Smoothies und Getränke

Orange-Energy

Du brauchst für 2 Gläser:

4 Möhren
1 reife Mango
1 Orange
1 Banane
1 walnussgroßes Stück Ingwer
1 TL Leinöl
400 ml Wasser

1 Möhren, Mango, Orange, Banane und Ingwer schälen und in Stücke schneiden.

2 Das Obst zusammen mit dem Wasser und dem Leinöl in einen Smoothiemaker oder Hochleistungsmixer geben und auf höchster Stufe pürieren.

Gut zu wissen

Veganer:innen sollten darauf achten, regelmäßig Beta-Carotin-haltige Lebensmittel in ihren Speiseplan zu integrieren. Beta-Carotin gehört nämlich zu den sogenannten Provitaminen und bildet die Vorstufe von Vitamin A und das ist fast ausschließlich in tierischen Lebensmitteln enthalten. Da Beta-Carotin fettlöslich ist, kombiniere dazu unbedingt eine Fettquelle wie in diesem Fall Leinöl.

Zubereitungszeit: 15 Minuten

Nährwerte pro Glas: 337 kcal, Eiweiß: 5,4 g, Kohlenhydrate: 59,7 g, Fett: 3,8 g

Nährstoff-Booster

Du brauchst für 2 Gläser:

1 reife Banane
½ Salatgurke
100 g Grünkohl (TK)
4 EL Haferflocken
1 EL Leinsamen
1 gehäufter EL Cashewmus
Optional:
2 Messlöffel Proteinpulver
500 ml Wasser

1 Die Banane schälen und in Stücke kochen, die Salatgurke in grobe Stücke schneiden.

2 Alle Zutaten in einen Hochleistungsmixer geben und auf höchster Stufe etwa 45 Sekunden lang fein pürieren.

Gut zu wissen

Grün ist gesund! Grünes Gemüse enthält den sekundären Pflanzenstoff Chlorophyll, der für die grüne Blattfärbung verantwortlich ist. Daneben sind grüne Pflanzen reich an Vitaminen, Nährstoffen und Ballaststoffen und sollten daher regelmäßig auf deinem Speiseplan stehen.

Zubereitungszeit: 5 Minuten

Nährwerte pro Glas: 264 kcal, Eiweiß: 9,9 g, Kohlenhydrate: 34,5 g, Fett: 8 g

Mandelmilch

Du brauchst für 700 ml:
100 g Mandeln
700 ml Wasser
bei Bedarf 1–2 Datteln
zum Süßen

1 Die Mandeln in eine Schale geben, aus dem Wasserhahn so viel Wasser dazugeben, dass sie bedeckt sind, und über Nacht einweichen lassen.

2 Am nächsten Morgen das Wasser abgießen und die Mandeln zusammen mit den 700 ml Wasser und den entkernten Datteln in einen Hochleistungsmixer geben.

3 Auf höchster Stufe mindestens 45 Sekunden lang zerkleinern.

4 Nun ein Tuch in ein Sieb legen und das Sieb auf einem Messbecher platzieren. Die Flüssigkeit durch das Tuch gießen und ausdrücken. Die Mandelmilch in eine Flasche füllen.

Gut zu wissen

Die Mandelmilch sollte im Kühlschrank gelagert und innerhalb von 2 Tagen verbraucht werden.

Zubereitungszeit: 10 Minuten | Einweichzeit: über Nacht

Nährwerte pro 100 ml: 14 kcal, Eiweiß: 0,4 g, Kohlenhydrate: 0,1 g, Fett: 1,3 g

Kurkuma-Latte

Du brauchst für 2 Tassen:

500 ml Hafermilch
2 EL Kurkuma
1 TL Zimt
1 TL Ingwer (Pulver oder frisch gerieben)
½ TL Kardamom
5 EL Wasser
Optional:
1 EL Ahornsirup

1 Rühre aus den Gewürzen und dem Wasser in einem Topf eine Paste an und gieße die Hafermilch dazu.

2 Erwärme die Mischung unter ständigem Rühren und süße bei Bedarf mit etwas Ahornsirup. Verteile nun die Kurkuma-Latte auf zwei große Tassen.

Tipp

Das in Kurkuma enthaltene Curcumin wirkt entzündungshemmend und antioxidativ. Es kann dabei helfen, Verdauungsbeschwerden zu lindern, und die Fettverdauung ankurbeln. Bei der Zubereitung ist jedoch Vorsicht geboten, denn Kurkuma färbt insbesondere Kunststoff und Holz intensiv gelb – auch Edelstahl kann sich ein wenig verfärben.

Zubereitungszeit: 10 Minuten

Nährwerte pro Tasse: 163 kcal, Eiweiß: 1,5 g, Kohlenhydrate: 27,3 g, Fett: 4,6 g

Gesunder Kakao

Du brauchst für 2 Gläser:
500 ml Pflanzendrink
1 reife Banane
1 EL Backkakao

1 Gib den Pflanzendrink zusammen mit dem Kakaopulver in deinen Hochleistungsmixer.

2 Schäle die Banane, brich sie in Stücke und püriere sie zusammen mit dem Pflanzendrink und dem Kakao 45 Sekunden auf höchster Stufe.

Tipp

Die Trinkschokolade ist auch bei Kindern sehr beliebt und hat gegenüber herkömmlicher Trinkschokolade den entscheidenden Vorteil, dass sie nur mit Banane gesüßt wird. Übrigens auch eine praktische Möglichkeit, reife Bananen zu verwerten.

Zubereitungszeit: 5 Minuten

Nährwerte pro Glas: 207 kcal, Eiweiß: 3,1 g, Kohlenhydrate: 32,7 g, Fett: 5,4 g

Eiskaffee

Du brauchst für 2 große Gläser:

2 EL löslicher Kaffee
2 EL Zucker
4 EL heißes Wasser
Eiswürfel
ca. 500 ml Pflanzendrink

1 Den löslichen Kaffee mit Zucker und heißem Wasser in ein Rührgefäß geben und mit einem Handmixer schaumig aufschlagen. Es sollte ein hellbrauner cremiger Schaum werden.

2 Die Gläser zu ¾ mit Eiswürfeln füllen und mit dem Pflanzendrink aufgießen (etwas Platz für den Kaffee lassen).

3 Nun mit dem aufgeschlagenen Kaffee toppen.

Gut zu wissen

Diese Form des Eiskaffees lässt sich übrigens auch mit Getreidekaffee zubereiten.

Zubereitungszeit: 15 Minuten

Nährwerte pro Glas: 171 kcal, Eiweiß: 0,8 g, Kohlenhydrate: 32 g, Fett: 3,8 g

Dank

Der größte Dank gilt meinem Mann, der mich in allen Lebenslagen unterstützt und mich bei jedem meiner Vorhaben bestärkt. Er ist der wohl ehrlichste und gleichzeitig motivierendste Testesser und Kritiker, den ich mir wünschen könnte. Ich danke dir dafür.

Danke an das Team vom Heyne Verlag für das Vertrauen in mich, dieses Kochbuch zu schreiben, und für die tolle und unkomplizierte Zusammenarbeit. Danke auch an Gaby Gerster für das großartige Coverfoto. Mein Dank geht auch an Lars, meinen Agenten, der mich stets dabei unterstützt hat, meine Ideen in die Tat umzusetzen.

Mein Dank gilt meinen Eltern, die mich immer darin bestärkt haben, das zu tun, was mich glücklich macht. Ich kann heute von Herzen sagen, dass ich genau das tue. Danke an meine Schwiegermama und meinen Schwiegerpapa, ohne deren familiäre Unterstützung dieses Buch vermutlich niemals fertig geworden wäre.

Vielen Dank auch an meine wunderbare Community auf Instagram, die wohl einen großen Einfluss auf die Entscheidung hatte, ein Kochbuch zu schreiben, und mich täglich motiviert, an neuen Rezepten zu tüfteln.

Mein Dank geht auch an dich, liebe Leserin und lieber Leser. Ich freue mich riesig, dass du dich für die vegane Küche begeistern kannst und offen für das Kochen fernab alter Gewohnheiten bist. Danke!

Register

GANZ ENTSPANNT
vegan